| 교수자용 |

NCS

직업기초능력 가이드북
대인관계능력

한국산업인력공단

활용안내

개 요

이 교수자용 가이드북은 우리나라 직업들에게 공통으로 요구되는 10가지 직업기초능력 가운데 하나인 대인관계능력에 대한 것이다.

대인관계능력이란 직업생활에서 협조적인 관계를 유지하고 조직구성원들에게 도움을 줄 수 있으며, 조직 내부 및 외부의 갈등을 원만히 해결하고 고객의 요구를 충족시켜줄 수 있는 능력을 의미한다. 직업기초능력으로서 모든 직업인이 공통으로 지녀야 할 대인관계능력을 의미하는 것이기 때문에 높은 수준을 요구하는 것은 아니다. 그러나 일부 교육훈련기관이나 산업체 등에서 관리자 및 특정 분야의 종사자들을 대상으로 교육을 할 때 수준이 매우 높거나 전문성을 요하는 내용을 포함하는 경우가 있기 때문에 신중하게 주의를 기울여 지도할 필요가 있다.

교수자용 가이드북은 학교나 직장에서 직업인에게 공통으로 요구되는 대인관계능력을 보다 효과적으로 지도하기 위한 지침으로 활용할 수 있으며, 대인관계능력표준에 기초하여 개발된 학습자용 가이드북을 보다 효과적으로 지도하기 위한 것이다.

대인관계능력은 직업인이 조직구성원으로서 원만한 관계를 유지하여 자신의 역할을 충실하게 수행하기 위해 필수적으로 요구된다. 그러므로 이 가이드북은 대인관계능력과 관련된 다양한 사례, 활동 및 관계지식에 대한 지도 방법 및 해설을 구체적으로 제시함으로써 교수자가 대인관계능력을 보다 효과적으로 지도할 수 있도록 하는 데 목적이 있다.

구 성

대인관계능력 교수자용 가이드북은 크게 'Ⅰ. 대인관계능력 지도지침'과 'Ⅱ. 대인관계능력 지도실제'로 구성되어 있다.

'Ⅰ. 대인관계능력 지도지침'은 대인관계능력을 지도할 때 기본이 되는 내용으로 지도의의, 교육목표, 내용체계 및 시간, 교수방법, 학습내용 확인지침으로 구성된다. 지도의의에는 대인관계능력의 개념과 중요성, 구조 및 내용이 제시되어 있다. 교육목표에는 대인관계능력표준에 따른 성취수준을 토대로 학습목표를 일반목표와 세부목표로 구분하여 제시하였다. 내용체계 및 시간에는 대인관계능력을 지도할 때 포함되어야 할 지식(knowledge), 기술(skill), 상황 및 도구(condition)와 함께 각 내용요소별로 지도하는 데 필요한 소요시간을 알기 쉽게 정리하였다. 또한, 교수방법에는 대인관계능력 지도에 활용할 수 있는 지도전략을 체계적으로 정리하였으며, 학습평가에는 학습자들의 학습활동을 점검하고 촉진하는 데 필요한 평가방법 및 평가상 유의사항을 제시하였다.

현행화 이후 직업기초능력 가이드북은 별도의 '학습내용 확인하기'를 제공하고 있다. 직업생활의 다양한 환경과 상황에 따라 정답이 달라질 수 있으므로, '학습내용 확인하기'는 가이드북에서 학습한 내용을 확인하는 참고자료로만 활용하여야 한다.

'Ⅱ. 대인관계능력 지도실제'는 각 학습모듈에 대한 지도계획, 학습활동 지도 및 학습정리로 구성하였다. 지도계획에는 각 학습모듈 지도에 필요한 학습주제와 학습목표, 지도시간, 교수자료, 학습활동별 소요시간, 주요내용, 유의점 등을 간략하게 제시하였다. 학습활동 지도는 대인관계능력에 대한 학습모듈(1. 대인관계능력 지도)과 대인관계능력을 구성하는 각 하위능력에 대한 학습모듈(가. 팀워크능력 지도. 나. 리더십능력 지도. 다. 갈등관리능력 지도. 라. 협상능력 지도, 마. 고객서비스능력 지도)로 구성되어 각 학습모듈의 지도계획과 학습활동(사례, 활동, 내용)에 대한 지도방법 및 해설을 수록하였다. 교수자료에는 보충학습 시 활용할 수 있는 다양한 자료들이 제시되어 있으며, 마지막으로 해당 학습모듈을 모두 학습한 후 학습정리를 통해 주요 학습내용을 정리할 수 있다.

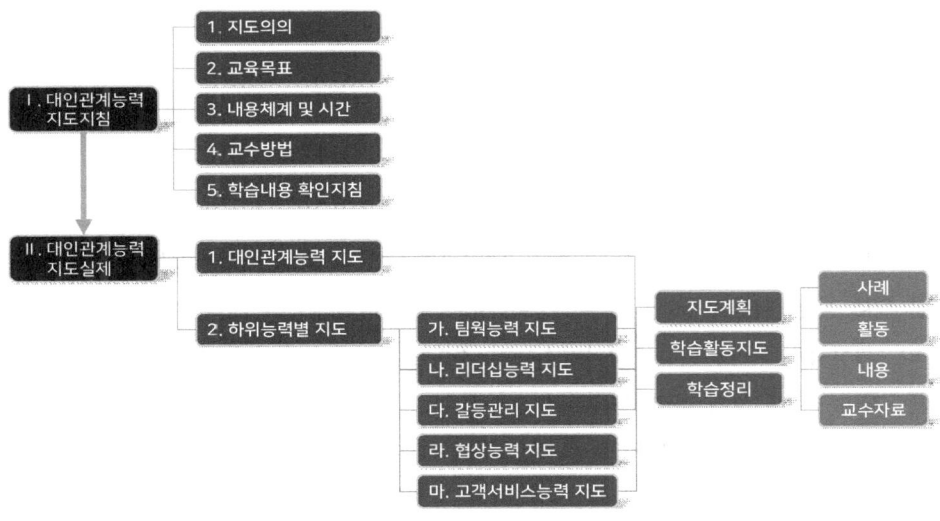

〈대인관계능력 교수자용 가이드북 구성도〉

사용되는 심벌

각 학습활동에서는 다음과 같은 심벌을 사용하였다. 심벌은 기본(Basic), 심화(Advanced) 및 보충(Remedial)으로 학습활동을 구분하고, 학습활동을 구성하는 주요용어, 사례, 활동을 시각화하여 전달한다. 따라서 교수자는 학습자들이 심벌을 통해 기호화하여 편리하게 학습하도록 안내할 수 있다. 특히 직업기초능력 프로그램에서는 10가지 직업기초능력에 동일한 심벌을 사용하여 하나의 형식으로 통일하였다.

- Ⓑ 기본(Basic) 학습활동 : 모든 학습자가 반드시 알아야 되는 내용
- Ⓡ 보충(Remedial) 학습활동 : 기본 학습활동을 이수하기 어려운 학습자를 위한 기초 내용
- Ⓐ 심화(Advanced) 학습활동 : 기본 학습활동이 충분한 학습자를 위한 심화 내용
- 주요용어 : 학습모듈에서 사용되는 중요한 단어(Key word)
- 사례 : 학습활동에 대한 이해를 돕기 위한 대표 사례
- 활동 : 학습내용에 대해 학습자들이 직접 작성하게 하는 활동

활용방법

대인관계능력 교수자용 가이드북은 학습자용 가이드북의 학습모듈에 따라 직업기초능력으로서의 대인관계능력에 대한 학습모듈(1. 대인관계능력 지도)과 대인관계능력을 구성하는 각 하위능력에 대한 학습모듈(가. 팀워크능력 지도, 나. 리더십능력 지도, 다. 갈등관리능력 지도, 라. 협상능력 지도, 마. 고객서비스능력 지도)로 구성되어 있다. 대인관계능력을 지도할 때에는 가이드북 구성에 따라 처음부터 순차적으로 교육해도 되지만, 사전확인 체크리스트를 활용하여 학습자들의 선수학습능력을 진단한 후에 부족한 부분을 먼저 수업하는 등 학습 순서를 재구성하거나 일부 학습내용은 제외하고 진행할 수 있다. 그러나 대인관계능력에 대한 전반적인 내용을 담고 있는 '1. 대인관계능력 지도'를 먼저 교육한 후에 세부 내용인 '가. 팀워크능력 지도', '나. 리더십능력 지도', '다. 갈등관리능력 지도', '라. 협상능력 지도', '마. 고객서비스능력 지도'를 학습하는 것이 바람직하다.

또한 교수자용 가이드북은 학습자용 가이드북을 활용하여 대인관계능력을 지도하는 교수

자뿐 아니라 기존에 학교나 직장에서 대인관계능력을 지도하던 강사들이 모두 활용할 수 있다. 따라서 학습자용 가이드북을 활용할 때와 교수자용 가이드북만 활용할 때로 활용방법을 나누어 제시할 수 있다.

학습자용 가이드북을 활용하여 대인관계능력을 지도하려는 교수자가 이 가이드북을 사용할 때에는 다음에 따라 지도할 수 있다. 첫째, 학습자의 학습요구를 파악하기 위해 사전확인 체크리스트를 활용하여 학습자의 현재 수준을 진단한다. 둘째, 확인결과를 토대로 학습자의 수준을 파악한 후 학습의 방향, 내용, 수준을 고려하여 교수자용 가이드북을 활용한다. 셋째, 교수자용 가이드북을 이용하여 사례, 학습활동, 내용, 학습보조자료 등을 제시한다. 넷째, 학습자용 가이드북에 제시된 기본 내용 이외의 심화 활동을 교수자용 가이드북을 사용하여 제시한다. 다섯째, 학습자의 학습수준을 확인하기 위해 '학습내용 확인하기'를 활용한다.

기존에 학교나 직장에서 대인관계능력을 지도하던 강사가 교수자용 가이드북을 활용하는 방법은 다음과 같다. 첫째, 대인관계능력 지도지침을 통해서 대인관계능력의 개념, 중요성, 구조 및 내용을 파악한다. 둘째, 대인관계능력 지도지침과 자신의 현재 지도 방법을 비교하여 교육목표, 교수방법, 학습내용 확인지침 설정 시 문제점과 보완해야 하는 사항을 파악한다. 셋째, 학습활동 지도에 제시된 사례 및 활동을 직업상황에 적합한 대인관계능력을 지도하는 교수자료 및 워크시트로 활용할 수 있다. 마지막으로, 추가 보충자료가 필요한 경우 교수자용 가이드북의 교수자료를 활용한다.

I. 대인관계능력 지도지침 ······ p. 9
1. 지도의의 ······ p. 10
2. 교육목표 ······ p. 12
3. 내용체계 및 시간 ······ p. 19
4. 교수방법 ······ p. 23
5. 학습내용 확인지침 ······ p. 27

II. 대인관계능력 지도실제 ······ p. 37
1. 대인관계능력 지도 ······ p. 39
   - 지도계획 ······ p. 39
   - 학습활동 지도 ······ p. 40
     - B1 : 대인관계능력의 의미와 중요성 ······ p. 40
     - B2 : 대인관계 향상방법 ······ p. 46
     - R1 : 다양한 대인관계 양식 ······ p. 54

2. 하위능력별 지도 ······ p. 63
   가. 팀워크능력 지도 ······ p. 63
   - 지도계획 ······ p. 63
   - 학습활동 지도 ······ p. 65
     - B1 : 효과적인 팀워크 ······ p. 65
     - B2 : 팔로워십의 의미 ······ p. 77
     - A1 : 팀워크 촉진 방법 ······ p. 85

   나. 리더십능력 지도 ······ p. 95
   - 지도계획 ······ p. 95
   - 학습활동 지도 ······ p. 96

- Ⓑ₁ : 리더십의 의미 및 유형 ·· p. 96
- Ⓑ₂ : 리더십 역량 강화: 동기부여 및 임파워먼트 ······················ p.109
- Ⓐ₁ : 변화관리 방법 ·· p.122

다. 갈등관리능력 지도 ·· p.133
지도계획 ·· p.133
학습활동 지도 ·· p.134
- Ⓑ₁ : 갈등의 의미와 원인 ·· p.134
- Ⓡ₁ : 갈등의 쟁점 및 유형 ·· p.142
- Ⓐ₁ : 갈등 해결 방안 ·· p.149

라. 협상능력 지도 ·· p.161
지도계획 ·· p.161
학습활동 지도 ·· p.162
- Ⓑ₁ : 협상의 의미 ·· p.162
- Ⓡ₁ : 협상의 과정 ·· p.171
- Ⓐ₁ : 협상 전략의 종류 ·· p.177

마. 고객서비스능력 지도 ·· p.189
지도계획 ·· p.189
학습활동 지도 ·· p.190
- Ⓑ₁ : 고객서비스의 의미 ·· p.190
- Ⓡ₁ : 고객의 불만 표현 유형 및 대응방안 ································ p.198
- Ⓑ₂ : 고객 불만 처리 프로세스 및 고객만족조사 방법 ············ p.204

Ⅰ 대인관계능력 지도지침

1. 지도의의
2. 교육목표
3. 내용체계 및 시간
4. 교수방법
5. 학습내용 확인지침

1 지도의의

　모든 직업인에게 공통으로 요구되는 대인관계능력은 직장에서 업무를 수행하는 직업인에게 중요한 능력이다. 각 개인은 끊임없이 상사, 부하 혹은 직장동료와 업무를 수행하여야 하고, 다른 사람들에게 도움을 주거나 받아야만 한다. 따라서 직업인에게 조직 내 갈등을 원만하게 해결하고 합리적인 의사결정을 내릴 수 있는 대인관계능력의 함양은 필수적이다. 따라서 학습자들에게 대인관계능력을 함양시키기 위해서는 다음과 같은 사항에 주안점을 두어 지도하는 것이 필요하다.

　첫째, 학습자 스스로 대인관계의 필요성을 인식하고 자신의 현재 상태를 점검하고 미래의 업무성과 제고를 위한 계획을 수립할 수 있도록 지원해야 한다. 직업생활에서 각 개인은 끊임없이 대인관계능력을 발휘해야 하는 상황을 마주하게 되고, 업무의 성과를 높이고자 하지만 자신이 속한 조직을 이해하는 방법이나 필요한 일련의 행동을 알지 못하는 상태에 봉착하기도 한다. 따라서 대인관계능력이 요구되는 상황, 정보를 효과적으로 수집하여 활용하는 방법 등에 대한 가이드를 제시해 주는 것이 중요하다.

　둘째, 학습자들이 대인관계능력과 그 하위능력인 팀워크능력, 리더십능력, 갈등관리능력, 협상능력, 고객서비스능력을 갖추도록 지도해야 한다. 팀워크능력은 팀 구성원으로서 조직구성원들과 목표를 공유하고 원만한 관계를 유지하며, 자신의 역할을 이해하고 책임감 있게 업무를 수행하는 능력이다. 리더십능력이란 팀 구성원들의 업무향상에 도움을 주며 동기화시킬 수 있고, 팀의 목표 및 비전을 제시할 수 있는 능력을 말한다. 또한, 갈등관리능력이란 직업생활에서 팀 구성원 사이에 갈등이 발생하였을 경우 이를 원만히 조절하는 능력이며, 협상능력이란 직업생활에서 협상 가능한 목표를 세우고, 상황에 맞는 협상전략을 선택하여 다른 사람과 협상하는 능력이다. 마지막으로 고객서비스능력은 직업생활에서 다양한 고객의 요구를 파악하고 대응법을 마련하여 고객에게 양질의 서비스를 제공하는 능력을 말한다.

　셋째, 학습자들의 다양한 경험과 요구를 바탕으로 기초적인 개념과 원리를 간단하고 구체적인 것에서 추상적인 것의 순서로 학습하게 하는 것이 필요하다. 특히 학습을 통해 습득한 대인관계능력과 관련된 지식을 실생활 혹은 업무 상황에 활용하는 방법을 찾아보게 하거나, 생활 주변 현상이나 구체적 사실을 학습 소재로 하여 기초적인 개념, 원리 등을 지도하고 업무 상황에서 발생할 수 있는 실제 상황에서의 대인관계능력을 길러주어야 한다.

넷째, 학습자들이 실제 현장에서의 상황에 대처하는 능력을 발휘하도록 하는 것이 중요하다. 전반적인 대인관계능력을 함양시키기 위해서는 과제 수행 과정이나 일상생활에서 접촉하게 되는 다른 사람들과 원만하게 인간관계를 맺는 방법에 중점을 두고 지도해야 한다. 팀워크능력을 함양시키기 위해서는 다양한 성격을 지닌 다른 사람들과의 역동적인 상호작용 관계의 중요성을 인식하고 이를 실천할 수 있는 태도와 능력을 향상하는 데 중점을 두어야 한다. 리더십능력을 함양시키기 위해서는 리더십 개념에 대한 기초적인 이해를 토대로 업무 수행과 관련해서 다른 사람들을 설득하고, 동기화 시킬 수 있는 지도자적 자질을 갖추는 데 중점을 두고 지도해야 한다. 갈등관리능력을 함양시키기 위해서는 자신의 감정 조절 능력 향상을 토대로 다른 사람과의 갈등 상황을 정확히 이해하고, 이를 슬기롭게 극복할 수 있는 기술과 능력을 기르는 데 중점을 두어야 하고, 협상능력을 함양시키기 위해서는 업무 수행과 관련해서 다른 사람을 설득하고, 상호 간 의견을 조정, 타협할 수 있는 데 중점을 두어야 한다. 고객서비스능력을 함양시키기 위해서는 타인의 요구를 합리적으로 파악하고, 만족시키는 데 필요한 기술과 태도를 갖추게 하는 데 중점을 두어야 할 것이다.

다섯째, 학습자들의 대인관계능력 수준을 정확하게 판단하는 것이 중요하다. 이를 위해서는 다른 사람들과 원만한 인간관계를 맺고 있는지를 살펴보아야 한다. 또한 팀워크능력을 어느 정도 갖추고 있는지 판단하기 위해서는 팀 구성원으로서 적극적인지, 팀 구성원으로서 업무 수행을 적절하게 하는지, 팀의 융화에 기여하고 있는지 살펴보아야 할 것이며, 리더십능력을 어느 정도 갖추고 있는지 판단하기 위해서는 조직구성원들에게 정보제공이 적절한지, 의사표현이 논리적인지, 팀의 목표와 비전 제시에 적극적인지 살펴보아야 할 것이다. 또한, 갈등관리능력을 어느 정도 갖추고 있는지 판단하기 위해서는 갈등상황 파악이 적절한지, 갈등상황을 적절하게 해결하는지 살펴보아야 하며, 협상능력을 어느 정도 갖추고 있는지 판단하기 위해서는 협상사항과 상대방에 대한 이해가 적절한지, 협상전략의 활용이 적절한지 살펴보아야 한다. 마지막으로 고객서비스능력을 어느 정도 갖추고 있는지 판단하기 위해서는 고객요구에 대한 처리과정이 적절한지, 서비스제공 후 향후 대책을 수립하는지 살펴보아야 할 것이다.

결론적으로 대인관계능력의 지도는 학습자들이 직업생활에서 업무를 수행할 때 접촉하게 되는 다른 사람들과 원만하게 인간관계를 맺을 수 있는 데 중점을 두어야 하며, 실제 업무 상황과 밀접한 사례를 토대로 지도해야 한다.

2 교육목표

교육목표는 일정한 수업이 이루어진 후 학습자가 최종적으로 획득해야 할 특성을 명확하게 규정해 놓은 것이다. 교육목표는 가르치는 교수자의 입장에서는 교수목표, 배우는 학습자의 입장에서는 학습목표 등으로 사용될 수 있다. 하지만 교수목표도 궁극적으로 학습자가 학습목표를 얼마나 성취했는가에 따라 그 달성 여부가 결정되기 때문에 학습자를 중심으로 학습목표로 표현하는 것이 더 일반적이다.

가. 학습목표의 개념

대인관계능력을 성공적으로 지도하기 위해서는 사전에 계획과 준비를 철저히 해야 하며 이는 학습목표를 설정하는 데서 출발한다. 학습목표는 해당 학습모듈에서 학습자가 최종적으로 성취해야 할 목표를 구체적인 수준에서 측정 가능하고 관찰 가능하게 진술한 것이다. 따라서 대인관계능력을 학습하기 위해서 교수자는 '학습자들이 대인관계능력을 학습한 후 무엇을 할 수 있기를 기대하는가?'라는 질문을 고민하고, 학습자와 어떠한 목표를 향해 함께 학습해 나갈 것인가를 정해야 한다.

학습목표는 학습자가 학습과정을 끝마쳤을 때 교수자의 가르침이나 도움을 받지 않고 자기 혼자서 대인관계능력을 효과적으로 발휘할 수 있는 상태를 제시하며, 학습자의 학습목표 달성 정도를 확인할 수 있는 기준이 된다. 또한 학습자가 성취하여야 할 학습 범위를 제한하고 명확하게 설명해 주며, 교수자가 수업을 체계적으로 전개하기 위한 기본 지침이 된다.

나. 학습목표 설정 시 고려사항

대인관계능력 지도 시 학습목표를 명확히 제시하지 않을 경우, 학습자는 어떤 내용을 학습해야 하는지 제대로 알지 못하며 대인관계능력 학습의 최종 목적인 행동의 변화를 도모할 수 없게 된다. 교수자 또한 불명확한 학습목표로 인해 어느 단계에서 어떠한 내용을 지도해야 하는지 중요한 내용을 지나칠 위험이 있다.

먼저, 학습목표를 제대로 진술하기 위해서는 대인관계능력의 성취수준을 고려해야 한다. 같은 대인관계능력일지라도 학습자나 상황에 따라 요구되는 성취수준이 다를 수 있으므로 교수자는 어떠한 수준으로 지도할지 염두에 두어야 한다. 대인관계능력에 대한 성취수준은 직업기초능력으로서의 대인관계능력표준(한국산업인력공단, 2005)을 참고할 수 있다(〈표 1〉

참조). 여기에 제시된 성취수준은 대인관계능력과 그 하위능력인 팀워크능력, 리더십능력, 갈등관리능력, 협상능력, 고객서비스능력을 학습자들이 갖추고 있는지를 판단하는 기준이다. 직업기초능력 가이드북의 성취수준은 기본(Basic), 심화(Advanced), 보충(Remedial)으로 구분된다. 보충(R) 수준은 일반적인 직업생활에서 정보를 이해하고, 간단하게 의사표현하는 수준이고, 기본(B) 수준은 보충(R) 수준에 더해 정보를 요약하고, 주제에 맞게 의사표현을 하는 수준이며, 심화(A) 수준은 보충(R), 기본(B) 수준에 더해, 다양한 정보를 종합하고 논리적으로 의사표현을 할 수 있는 단계이다. 대인관계능력 및 대인관계능력의 각 하위능력별 성취수준은 〈표 1〉에 제시되어 있다.

〈표 1〉 대인관계능력표준에 따른 성취수준

구분			성 취 수 준
대인관계능력		심화	팀구성원으로서 팀의 목표달성을 점검하고, 팀의 업무에 도움이 되는 정보를 제공하며, 업무 수행 과정에서 발생한 갈등 상황의 원인을 종합·분석하고, 최적의 협상전략에 따라 협상에 임하며, 제공된 서비스에 대한 고객의 만족을 종합·분석하여 향후 고객서비스에 반영한다.
		기본	팀구성원으로서 팀의 목표를 공유하고, 팀의 업무에 도움이 되는 정보를 확인하며, 업무 수행 과정에서 발생한 갈등 상황의 원인을 파악하고, 일반적인 협상전략에 따라 협상에 임하며, 제공된 서비스에 대한 고객의 만족을 확인한다.
		보충	팀구성원으로서 팀의 목표를 확인하고, 팀의 업무 특성을 파악하며, 업무 수행 과정에서 발생한 갈등 상황을 확인하고, 지시받은 협상전략에 따라 협상에 임하며, 고객의 요구에 따라 서비스를 제공한다.
하위능력	팀워크능력	심화	팀의 구성원으로서 팀의 목표달성을 점검하고, 부족한 부분을 보완한다.
		기본	팀의 구성원으로서 팀의 목표를 공유하고 자신의 역할 및 책임에 따라 업무를 수행한다.
		보충	팀의 구성원으로서 팀의 목표를 확인하고, 자신의 역할 및 책임을 확인한다.
	리더십능력	심화	팀구성원들의 업무에 도움이 되는 정보를 제공하고, 팀구성원들을 동기화시키고 이끌며, 팀의 목표 및 비전을 제시한다.
		기본	팀구성원들의 업무에 도움이 되는 정보를 확인하고, 팀구성원들에 대한 논리적인 설득으로 업무를 할당하며, 팀의 목표 및 비전설계과정에 동참한다.
		보충	팀구성원들과 업무의 특성을 파악하고, 팀구성원들에게 업무를 할당하며, 팀의 목표 및 비전을 인식한다.
	갈등관리능력	심화	팀구성원들과 업무 수행 과정에서 발생한 갈등 상황의 원인을 종합·분석하고, 최적의 갈등 해결 방법을 선택해서 적용한다.
		기본	팀구성원들과 업무 수행 과정에서 발생한 갈등 상황의 원인을 파악하고, 갈등 해결 방법을 팀원들과 공유한다.
		보충	팀구성원들과 업무 수행 과정에서 발생한 갈등 상황을 인식하고, 갈등 해결 방법을 탐색한다.

(표 계속)

구분		성취수준
하위능력	협상능력 심화	업무 수행 과정에서 협상 쟁점 사항과 협상 상대의 전략을 평가하고, 목표와 상황을 종합해서 최적의 협상전략을 선택하여 협상에 임한다.
	협상능력 기본	업무 수행 과정에서 협상 쟁점 사항과 협상 상대를 분석하고, 일반적인 협상전략에 따라 협상에 임한다.
	협상능력 보충	업무 수행 과정에서 협상 쟁점 사항과 협상 상대를 확인하고, 지시된 협상전략에 따라 협상에 임한다.
	고객서비스능력 심화	업무 수행 과정에서 다양한 고객의 요구에 대한 해결책을 마련하고, 제공된 서비스에 대한 고객의 만족을 분석·종합하여 향후 서비스에 반영한다.
	고객서비스능력 기본	업무 수행 과정에서 다양한 고객의 요구를 종합·분석하고, 제공된 서비스에 대한 고객의 만족을 확인한다.
	고객서비스능력 보충	업무 수행 과정에서 다양한 고객의 요구를 확인하고, 서비스를 제공한다.

다음으로, 대인관계능력의 학습목표를 설정하기 위해서는 학습자의 특성을 제대로 파악해야 한다. 직업기초능력은 모든 직업인에게 요구되는 능력이지만, 실제로 직업인은 업종, 직급, 업무, 사전경험, 연령, 학습양식, 흥미, 사회경제적 배경, 적성, 태도 등의 특성이 매우 다양하다. 특히, 앞서 제시한 성취수준을 그대로 교수목표로 전환하여 활용할 수 있지만, 이 경우 다양한 학습자의 특성을 반영하는 데 한계가 있으므로 성취수준을 토대로 학습자의 특성을 파악하여 학습목표를 다양하게 설정하는 노력이 요구된다. 교수자가 학습자의 특성을 지도활동에 반영한다면 보다 우수한 교수과정을 전개할 수 있을 것이며, 개개인의 능력을 충분히 발휘할 수 있도록 유도할 수 있을 것이다. 학습자의 특성을 파악하는 방법은 학습자 설문조사 및 면담, 동료 교수자로부터 정보 획득, 각종 정보가 기록된 학습자 개인정보 카드, 표준화 검사 등이 있다. 또한, 대인관계능력의 내용과 관련된 학습자들의 흥미나 관심사, 사전경험 정도를 파악하여 반영한다면 보다 흥미롭고 의미 있는 학습활동을 조직할 수 있을 것이다. 특히, 대인관계능력의 경우 학습자들은 흥미가 없고, 이해하는 데 어려움이 있을 수 있다. 따라서 학습자들의 사전경험을 파악하여 학습목표를 구체적으로 설정하여야 한다.

다. 학습목표 진술방법

학습목표는 학습자 입장에서 교수목적, 교수내용, 학습자 특성 등을 고려하여 설정되어야 한다. 구체적인 목표는 다음과 같이 학습자가 학습해야 할 내용(주제)과 도착점 행동을 나타내는 동사로 표현된다.

학습목표 = 학습내용(주제) + 도착점 행동(동사)

학습목표를 진술할 때에는 먼저 학습자가 성취해야 할 도착점 행동이 무엇인지를 확인해야 한다. 도착점 행동은 첫째, 지식, 지적 능력 및 기능 등과 관련된 둘째, 인지적 영역, 태도, 흥미, 감상 및 적응방식 등과 관련된 정의적 영역, 셋째, 육체적 기능과 관련된 심동적 영역으로 구분된다. 학습을 통해서 학습자가 성취해야 할 도착점 행동이 무엇인지를 구체적으로 확인해야만 적절한 동사를 선택하여 학습목표를 진술할 수 있다. 따라서 학습목표의 진술은 학습자가 학습 후에 '궁극적으로 나타내야 하는 도착점 행동', '그러한 행동을 나타낼 수 있는 상황과 조건', 그리고 '그 행동을 평가하기 위한 기준'을 포함하도록 제시해야 한다.

또한 학습목표는 학습자가 성취해야 할 도착점 행동을 관찰 가능한 동사를 사용해서 진술하는 것이 바람직하다. 이 때 관찰 가능한 동사란 "~을 말할 수 있다", "~을 분류할 수 있다", "~을 도표로 나타낼 수 있다" 등처럼 관찰 가능한 용어로 표현되는 것을 말한다. 반면 "~을 안다", "~을 감상하다"와 같이 관찰할 수 없거나 추상적인 용어는 사용하지 않아야 한다.

라. 학습목표 설정

학습목표는 학습자들이 도달해야 하는 도착점 행동과 관련이 있으므로, 학습목표를 설정할 때에는 대인관계능력표준에 제시된 성취수준을 활용할 수 있으며, 일반목표와 세부목표로 구분하여 제시할 수 있다. 일반목표는 전체 학습내용에서 학습자가 달성해야 할 포괄적인 목표를, 세부목표는 일반목표를 구체화 및 상세화한 학습활동별 목표를 의미한다. 대인관계능력과 그 하위능력인 팀워크능력, 리더십능력, 갈등관리능력, 협상능력, 고객서비스능력에 대한 학습목표를 제시하고 있다. 다만 각 학습목표들은 하나의 예시이므로, 교수자는 학습상황과 학습자의 특성에 따라 적절한 학습목표를 수립하도록 한다.

1) 대인관계능력 학습목표

대인관계능력의 학습목표를 대인관계능력표준에 제시된 대인관계능력 성취수준을 토대로 일반목표와 세부목표로 구분하여 예시하면, 대인관계능력의 학습내용은 협조적인 관계 유지, 조직구성원들에게 도움, 갈등의 해결, 고객의 요구 충족이며, 도착점 행동은 대인관계를 향상시키는데 있다는 것이다. 따라서 대인관계능력의 일반목표는 "직업생활에서 협조적인 관계를 유지하고 조직구성원들에게 도움을 줄 수 있으며, 조직 내부 및 외부의 갈등을 원만히 해결하고 고객의 요구를 충족시켜줄 수 있는 능력을 기를 수 있다"로 설정할 수 있다. 이러한 일반목표를 달성하기 위한 세부목표로는 대인관계의 의미와 중요성 설명, 대인관계 향상 방법, 다양한 대인관계 양식이 포함되도록 설정할 수 있다.

〈표 2〉 대인관계능력 학습목표

구분	학습목표
일반목표	직업생활에서 협조적인 관계를 유지하고 조직구성원들에게 도움을 줄 수 있으며, 조직 내부 및 외부의 갈등을 원만히 해결하고 고객의 요구를 충족시켜줄 수 있는 능력을 기를 수 있다.
세부목표	1. 대인관계의 의미와 중요성을 설명할 수 있다. 2. 직업생활에서 대인관계를 향상시키기 위한 방법을 활용할 수 있다. 3. 다양한 대인관계 양식을 이해한다.

2) 하위능력별 학습목표

가) 팀워크능력 학습목표

팀워크능력의 학습내용은 목표 공유, 원만한 관계 유지, 역할 이해, 책임감이며, 도착점 행동은 팀워크능력을 기를 수 있다는 것이다. 따라서 팀워크능력의 일반목표는 "직업생활에서 다른 구성원들과 목표를 공유하고 원만한 관계를 유지하며, 자신의 역할을 이해하고 책임감 있게 업무를 수행하는 능력을 기를 수 있다"로 설정할 수 있다. 이러한 일반목표를 달성하기 위한 세부 목표로는 팀워크의 의미 설명, 효과적인 팀의 특성 설명, 팔로워십의 의미 설명, 팀워크 촉진 방법 활용이 포함되도록 설정할 수 있다.

〈표 3〉 팀워크능력 학습목표

구분	학습목표
일반목표	직업생활에서 다른 구성원들과 목표를 공유하고 원만한 관계를 유지하며, 자신의 역할을 이해하고 책임감 있게 업무를 수행하는 능력을 기를 수 있다.
세부목표	1. 팀워크의 의미를 설명할 수 있다. 2. 효과적인 팀의 특성을 설명할 수 있다. 3. 팔로워십의 의미를 설명할 수 있다. 4. 직업생활에서 팀워크를 촉진하기 위한 방법을 활용할 수 있다.

나) 리더십능력 학습목표

리더십능력의 학습내용은 동기화 및 조직의 목표 및 비전 제시이며, 도착점 행동은 리더십 능력을 기를 수 있다는 것이다. 따라서 리더십능력의 일반목표는 "직업생활 중 조직구성원들의 업무향상에 도움을 주며 동기화시킬 수 있고, 조직의 목표 및 비전을 제시할 수 있는 능력을 기를 수 있다"로 설정할 수 있다. 이러한 일반목표를 달성하기 위한 세부목표로는 리더십의 의미 설명, 리더십의 유형 구분, 동기부여 방법 활용, 임파워먼트의 의미 설명, 주도적인 변화관리가 포함되도록 설정할 수 있다.

〈표 4〉 리더십능력 학습목표

구분	학습목표
일반목표	직업생활 중 조직구성원들의 업무향상에 도움을 주며 동기화시킬 수 있고, 조직의 목표 및 비전을 제시할 수 있는 능력을 기를 수 있다.
세부목표	1. 리더십의 의미를 설명할 수 있다. 2. 리더십의 유형을 구분할 수 있다. 3. 직업생활에서 조직구성원의 동기를 부여할 수 있는 방법을 활용할 수 있다. 4. 임파워먼트의 의미를 설명할 수 있다. 5. 직업생활에서 주도적으로 변화를 이끌 수 있다.

다) 갈등관리능력 학습목표

갈등관리능력의 학습내용은 갈등 조절 및 해결이며, 도착점 행동은 갈등을 해결할 수 있는 능력을 기를 수 있다는 것이다. 따라서 갈등관리능력의 일반목표는 "직업생활에서 조직구성원 사이에 갈등이 발생하였을 경우 이를 원만히 조절하는 능력을 기를 수 있다"로 설정할 수 있다. 이러한 일반목표를 달성하기 위한 세부목표로는 갈등의 의미 설명, 갈등의 유형 구분, 갈등 해결 방법 도출, 윈-윈 갈등 관리법 이해가 포함되도록 설정할 수 있다.

〈표 5〉 갈등관리능력 학습목표

구분	학습목표
일반목표	직업생활에서 조직구성원 사이에 갈등이 발생하였을 경우 이를 원만히 조절하는 능력을 기를 수 있다.
세부목표	1. 갈등의 의미를 설명할 수 있다. 2. 갈등의 유형을 구분할 수 있다. 3. 직업생활에서 발생한 갈등의 해결방법을 도출할 수 있다. 4. 직업생활에서 발생한 갈등을 윈-윈 갈등 관리법으로 해결할 수 있다.

라) 협상능력 학습목표

협상능력의 학습내용은 협상 목표 설정, 협상전략 선택이며, 도착점 행동은 다른 사람과 협상하는 능력을 기를 수 있다는 것이다. 따라서 협상능력의 일반목표는 "직업생활에서 협상 가능한 목표를 세우고, 상황에 맞는 협상전략을 선택하여 다른 사람과 협상하는 능력을 기를 수 있다"로 설정할 수 있다. 이러한 일반목표를 달성하기 위한 세부목표로는 협상의 의미 설명, 협상의 과정 설명, 협상전략 활용, 상대방 설득 방법이 포함되도록 설정할 수 있다.

〈표 6〉 협상능력 학습목표

구분	학습목표
일반목표	직업생활에서 협상 가능한 목표를 세우고 상황에 맞는 협상전략을 선택하여 다른 사람과 협상하는 능력을 기를 수 있다.
세부목표	1. 협상의 의미를 설명할 수 있다. 2. 협상의 과정을 설명할 수 있다. 3. 직업생활에서 적절한 협상전략을 활용할 수 있다. 4. 직업생활에서 적절하게 상대방을 설득하는 방법을 활용할 수 있다.

마) 고객서비스능력 학습목표

고객서비스능력의 학습내용은 고객 서비스 이해, 다양한 고객에 대한 대처이며, 도착점 행동은 고객만족을 이끌어낼 수 있는 능력을 기를 수 있다는 것이다. 따라서 고객서비스능력의 일반목표는 "직업생활에서 고객서비스에 대한 이해를 바탕으로 실제 현장에서 다양한 고객에 대처할 수 있으며, 고객만족을 이끌어 낼 수 있는 능력을 기를 수 있다"로 설정할 수 있다. 이러한 일반목표를 달성하기 위한 세부목표로는 고객서비스의 의미 설명, 고객의 불만 표현 유형 이해, 불만처리 프로세스 이해, 고객만족 조사 활용이 포함되도록 설정할 수 있다.

〈표 7〉 고객서비스능력 학습목표

구분	학습목표
일반목표	직업생활에서 고객서비스에 대한 이해를 바탕으로 실제 현장에서 다양한 고객에 대처할 수 있으며, 고객만족을 이끌어 낼 수 있는 능력을 기를 수 있다.
세부목표	1. 고객서비스의 의미를 설명할 수 있다. 2. 고객의 불만 표현 유형을 알고 대응방안을 마련할 수 있다. 3. 직업생활에서 불만 처리 프로세스에 따라 고객의 불만을 처리할 수 있다.

3 내용체계 및 시간

내용체계란 대인관계능력을 지도할 때 반드시 다루어야 할 기본적인 개념과 원리, 방법, 사례 등의 교육내용을 체계화한 것이다. 대인관계능력을 지도할 때 포함되어야 할 내용은 대인관계능력에 요구되는 지식(knowledge), 기술(skill), 상황 및 도구(condition)이다. 여기서 지식은 산업체 종사자가 대인관계능력과 해당 하위능력을 갖추기 위해서 필요한 지식, 기술은 산업체 종사자가 대인관계능력과 해당 하위능력을 갖추기 위해서 필요한 기술, 상황은 대인관계능력과 해당 하위능력이 요구되는 업무 상황과 하위능력에 필요한 도구를 의미한다.

본 가이드북의 내용체계는 〈표 8〉의 대인관계능력표준(한국산업인력공단, 2005)에서 제시한 지식, 기술, 상황을 토대로 설정되었다. 대인관계능력표준에서 제시한 대인관계능력의 지식, 기술, 상황 등의 선정은 미국의 SCANS, 호주의 Mayer 위원회, 영국의 AQA 등의 직업기초능력 표준과 하위능력요소를 분석하고 전문가 집단의 타당성 검토를 받아 이루어졌다. 대인관계능력 학습활동은 표준의 지식, 기술, 상황에서 제시한 핵심적 용어를 중심으로 주요 용어를 기술하고, 기본 교육내용에 따라 학습내용을 구성하였으며, 학습목표의 성취수준을 마련하였다.

〈표 8〉 대인관계능력 하위능력별 교육내용으로서의 지식, 기술, 상황

하위능력		교육 내용
팀워크 능력	K (지식)	- 팀워크의 의미 - 팀워크의 유형 - 팀워크를 저하시키는 요인 이해 - 팀의 구성요건에 대한 이해 - 높은 성과를 내는 팀의 특성 이해 - 팔로워십 유형의 이해 - 팀구성원들과의 관계 정립 방법의 이해 - 팀구성원으로서 역할 및 책임에 대한 이해
	S (기술)	- 팀의 구성원으로서 자신에게 주어진 목표를 명확하게 확인 - 팀 내에서 자신이 수행해야할 직접적인 업무를 파악 - 팀의 목표 달성에 필요한 자원, 시간, 활동 파악 - 팀이 달성하기를 희망하는 성과를 확인하고 점검 - 팀의 규칙 및 규정을 준수 - 팀구성원들과 효과적으로 의사소통 - 팀구성원들과 효과적으로 업무를 수행할 수 있는 방법 적용
	C (상황)	- 팀 내에서 프로젝트나 할당된 일을 하는 경우 - 팀에 주어진 주요 행사를 조직해야 하는 경우

(표 계속)

하위능력		교육 내용
팀워크 능력	C (상황)	- 팀의 구성원들에게 자신의 의견을 제시해야 하는 경우 - 팀의 구성원들 간에 갈등이 있을 경우 - 팀의 구성원들과 타협점을 찾아야 하는 경우 - 팀 내에서 고객과 소비자를 위한 업무를 수행하거나 계획을 세우는 경우 - 팀 내에서 고객과 소비자를 위해 제품을 디자인, 제작, 제시해야 하는 경우 - 팀별로 고객서비스를 개선하는 방법을 조사해야 하는 경우 - 팀별로 서비스와 작업 수행 개선을 위해서 조사하거나 실행을 해야 하는 경우
리더십 능력	K (지식)	- 리더십 개념 - 리더십 스킬의 종류 - 리더의 역할 이해 - 환경변화에 따른 리더의 역할에 대한 이해 - 리더십의 유연성/효과성에 대한 이해 - 조직구성원의 특성에 관한 이해 - 동기부여 개념 - 동기부여 방법 이해 - 변화관리 개념 - 변화관리 방법 이해
	S (기술)	- 조직구성원의 특성 파악 - 조직구성원에게 자신의 의견을 논리적으로 설명 - 조직구성원을 설득시키고 동기화시킬 수 있는 기술 - 조직구성원들에게 도움이 되는 정보 제공 - 조직구성원들에게 적절한 때 도움을 줄 수 있는 기술 - 리더의 행동특성을 상황에 맞게 활용 - 조직의 성과향상을 달성하기 위한 전략 제시 - 조직의 환경변화에 대처할 수 있는 기술
	C (상황)	- 팀 내에서 업무를 수행하는 과정에서 목표를 확실히 하여야 하는 경우 - 팀 내에서 조직구성원들이 자신의 도움을 필요로 하는 경우 - 팀 내에서 자신의 생각을 논리적으로 표현하여 조직구성원들을 설득시켜야 하는 경우 - 팀 내의 프로젝트나 업무를 관장하는 경우 - 팀 내에서 부하육성과 팀효율 향상이 요구되는 경우 - 팀 내의 위기극복을 위한 변화가 필요한 경우
갈등관리 능력	K (지식)	- 갈등의 개념 - 갈등의 유형 - 갈등의 원인 이해 - 갈등의 전개과정 이해 - 조직구성원들의 다양한 가치관 유형 - 갈등관리 방법 이해
	S (기술)	- 타인의 말을 적극적으로 경청 - 타인의 생각과 가치관 배려 - 타인과의 의견차이가 있을 때 조언을 구하기 - 타인과의 갈등이 있을 때 원인 파악 - 타인과의 갈등을 조정할 수 있는 방법 활용

(표 계속)

3. 내용체계 및 시간

하위능력		교육 내용
갈등관리 능력	C (상황)	- 팀 내에서 프로젝트를 할 때 의견차이가 있는 경우 - 팀 내에서 고객과 소비자를 위한 업무를 수행함에 있어서 의견차이가 있는 경우 - 팀 내에서 주요 행사를 조직할 때 의견차이가 있는 경우 - 팀 내에서 목표를 세우거나 계획을 세울 때 의견 차이가 있는 경우
협상 능력	K (지식)	- 협상의 의미 - 협상의 원칙 - 협상 프로세스 이해 - 협상의 전략에 대한 이해 - 협상의 전략의 종류 - 상대방 설득 방법에 대한 이해
	S (기술)	- 협상의 쟁점 사항을 파악 - 협상 상대방의 입장 파악 - 협상 상대방의 핵심 요구사항 파악 - 자신의 팀의 입장 파악 - 자신의 팀의 협상 목표를 이해 - 협상전략 수립 - 협상 시한 설정 - 높은 조건에서 시작해서 조금씩 양보하기
	C (상황)	- 같은 조직 내의 당사자들끼리 인식이나 상황규정방식이 다른 경우 - 경쟁적이면서 상호보완적인 조직과 갈등이 있는 경우 - 대량의 물적 자원을 구입해야 하는 경우 - 계약을 체결해야 하는 경우 - 고객에게 판매 행위를 해야 하는 경우 - 고객에게 서비스를 제공해야 하는 경우
고객 서비스 능력	K (지식)	- 고객의 유형 - 고객유형에 따른 응대법 이해 - 고객서비스의 의미 - 고객서비스의 중요성 이해 - 고객서비스의 방법에 대한 지식 - 고객만족 조사에 대한 지식
	S (기술)	- 고객의 특성을 파악 - 고객의 유형에 따른 응대법 적용 - 고객의 요구를 파악 - 고객의 불만사항 개선을 위한 계획서 작성 - 고객의 불만사항을 해결할 수 있는 방법 목록화 - 고객서비스 방법을 적용
	C (상황)	- 고객과 소비자를 위한 업무를 수행하거나 계획을 세우는 경우 - 고객을 돕기 위해서 서비스를 제공해야 하는 경우 - 고객을 위해 제품을 디자인, 제작, 제시해야 하는 경우 - 고객서비스를 개선하는 방법을 조사해야 하는 경우 - 고객의 불만사항을 해결하는 업무를 수행해야 하는 경우

구체적으로 대인관계능력 교육내용은 〈표 8〉의 지식, 기술, 상황 및 도구를 주제 중심으로 분류하고, 교육목표 달성에 핵심이 되는 내용을 선정해야 한다. 교육내용을 선정한 후에는 내용의 계속성, 계열성, 통합성을 고려해서 적절하게 조직해야 한다. 이러한 대인관계능력의 교육내용은 대인관계능력, 팀워크능력, 리더십능력, 갈등관리능력, 협상능력, 고객서비스능력에 관한 것으로 〈표 9〉와 같다.

　대인관계능력의 교육내용은 대인관계능력 향상에 필요한 전반적인 내용을 다루는 것이다. 따라서 대인관계능력의 의미와 중요성, 대인관계 향상 방법을 교육내용으로 선정할 수 있다. 팀워크능력은 팀워크의 의미와 효과적인 팀의 특성, 팔로워십의 의미, 팀워크 촉진 방법을 교육내용으로 선정할 수 있다. 리더십능력은 리더십의 의미, 리더십 유형, 동기부여 방법, 임파워먼트의 의미, 변화관리 방법을 교육내용으로 선정할 수 있다. 갈등관리능력은 갈등의 의미와 원인, 핵심적인 갈등 파악 방법, 갈등 해결 방법, 원-윈 갈등관리법의 의미, 조직의 갈등 줄이는 방법을 교육내용으로 선정할 수 있으며 협상능력은 협상의 의미, 협상과정, 협상전략, 타인 설득 방법을 교육내용으로 선정할 수 있다. 고객서비스능력은 고객서비스의 의미, 고객의 불만 표현 유형 및 대응방안, 고객 불만 처리 과정, 고객만족조사를 교육내용으로 선정할 수 있다.

〈표 9〉 대인관계능력의 교육내용과 소요시간

교육내용		소요시간
대인관계능력	대인관계능력의 의미와 중요성	1~2시간
	대인관계 향상 방법	
	다양한 대인관계 양식	
팀워크능력	효과적인 팀워크의 의미	2~3시간
	팔로워십의 의미	
	팀워크 촉진 방법	
리더십능력	리더십의 의미 및 유형	2~3시간
	리더십 역량 강화: 동기부여 및 임파워먼트	
	변화관리 방법	
갈등관리능력	갈등의 의미와 원인	2~3시간
	갈등의 쟁점 및 유형	
	갈등 해결 방안	
협상능력	협상의 의미	2~3시간
	협상과정	
	협상전략의 종류	

(표 계속)

	교육내용	소요시간
고객서비스능력	고객서비스의 의미	2~3시간
	고객의 불만 표현 유형 및 대응방안	
	고객 불만 처리 프로세스 및 고객만족조사	

4 교수방법

교수방법이란 교육목표를 달성하기 위해서 학습활동을 효과적으로 지도하기 위한 방법을 의미한다. 대인관계능력을 교육할 때에는 우선 지도 방향을 설정하고, 이에 따라 효과적인 교수방법을 활용해야 한다.

가. 대인관계능력 지도 방향

대인관계능력 교수방법의 방향은 지식의 이해와 고차원적 사고력의 신장, 실생활과 관련된 교수학습, 수준별 지도, 다양한 교수방법의 활용으로 요약할 수 있다.

1) 지식의 이해와 고차원적 사고력의 신장

대인관계능력에 대한 수업은 단순한 암기 위주의 수업이 되어서는 안 된다. 암기 위주의 수업에서 획득하는 지식의 종류는 특정한 장소와 시간에 관한 지식, 즉 단편적인 지식이지만 이해를 통하여 얻어지는 지식은 일반화, 원리, 법칙과 같은 고차원적인 지식이다. 대인관계 능력을 향상하기 위한 수업에서 획득해야 할 지식은 후자이다. 대인관계능력에 관한 현상을 '이해'한다는 것은 겉으로 드러난 현상을 아는 데 그치는 것이 아니라, 그 현상이 왜 일어났는가를 설명할 수 있어야 한다. 그러기 위해서는 이러한 현상에 들어 있는 요소들 사이의 관계를 파악하고, 원인과 결과를 밝혀 추론을 함으로써, 고차원적인 사고력을 신장해야 한다. 따라서 이러한 사고력을 기를 수 있는 교수학습이 이루어져야 한다.

2) 실생활과 관련된 교수학습

대인관계능력에 관한 지식은 본래 실제 직업생활과 업무 상황에서 발생하는 현상을 잘 관찰하여 얻어진 것들이다. 즉 실제 현장에서 일어나는 많은 사례들을 관찰한 후 지식을 얻는 것이 바람직하다. 그러나 실제 수업에서는 그 순서가 반대로 된다. 즉 교수자가 기존에 확립

되어 있는 지식을 먼저 학습자들에게 이해시키는 것이다. 그러다 보니 학습자들이 추상적인 지식을 무조건 받아들이게 되는 문제가 나타난다. 따라서 교수자가 설명을 할 때에는 실제 현장에서 일어나고 있는 사례를 예로 드는 것이 필요하다. 그러기 위해서는 교수자가 문제가 발생하는 상황에 대해 관심을 가지고, 그것들에 대해 학습자들이 어떻게 반응하고 있는지를 생각해야 한다. 또 학습자들이 배운 내용을 실제 현장에서 적용시키는 활동을 많이 하게 하는 것이 필요하다.

3) 수준별 지도

대인관계능력에 대한 수업을 위해서는 수준별 지도가 바람직하다. 수준별 교수학습을 위해 학습내용을 전체 학습자들이 배워야 하는 기본(B) 내용과 학습자의 속도를 감안한 보충(R) 내용 및 심화(A) 내용으로 나눠야 한다. 특히 심화(A) 내용에서는 앞에서 배운 지식을 실제 생활에 적용해 볼 수 있는 내용, 공간적·시간적으로 확대해 볼 수 있는 내용, 하나의 프로젝트 등 다양한 형식을 생각해 볼 수 있다.

4) 다양한 교수방법의 활용

효과적인 수업이 되기 위해서는 다양한 교수방법을 사용해야 한다. 수업 내용에 따라 질문, 조사, 토의, 관찰 및 면담, 현장견학, 모형 제작, 실험, 역할 놀이, 시뮬레이션 게임과 같은 다양한 교수방법을 활용하여 학습자들의 관심과 흥미를 제고하고 학습 능률을 향상시키는 데 도움을 줄 수 있다.

나. 효과적인 대인관계능력 지도를 위한 교수방법

대인관계능력을 향상시키기 위한 교수방법으로는 강의와 같은 직접 교수 방법보다 학습자가 경험을 통해 자신을 발견하고 계획을 수립할 수 있게 하는 문제중심 학습, 프로젝트 학습, 역할극, 프로그램 학습, 시뮬레이션 학습 등이 적절하다.

1) 문제중심학습(PBL)

문제중심학습(Problem based learning : PBL)은 실제 문제를 중심으로 수업 상황을 구조화하는 방법이다. 학습자들이 소그룹 학습에 능동적으로 참여하여 협력적이고 자기 주도적으로 문제를 해결하고, 이를 통해 문제해결능력을 기르도록 하는 교수 학습 형태로서 '문제에 대한 이해와 문제 해결을 위해 이루어지는 활동과정에서 산출되는 학습'을 의미한다. 문제중심학습을 이용한 수업에서 교수자는 학습자들이 생각하고 있는 것이 무엇인지 질문하고, 학습과정을 모니터링하고, 학습자들에게 도전심을 주고, 학습자들이 그룹활동에 잘 참여하도록 도와주는 등의 활동을 통하여 촉진자, 안내자, 동료 학습자, 멘토, 코치, 전문적 조언자로서의 역할을 수행해야 한다. 또한 먼저 전체 학습과정에 대한 시연(modeling)을 하고 그 뒤에 부분적으로 학습자의 학습활동에 대한 촉진자(facilitator)의 역할을 하고 궁극적으로는 학습에 개입하지 않도록 한다. 특히, 시연부분에서 주의할 것은 교사의 생각이나 행동을 학습자들이 모방하거나 습득할 객관적 기준으로 여기지 않도록 하며, 교사의 시연은 단지 여러 다양한 학습자원 중의 하나임을 분명히 하는 것이 중요하다.

2) 프로젝트 학습

프로젝트 학습은 소집단 혹은 전체 학습자들이 학습할 가치가 있는 특정 주제에 대한 심층 연구로서, 학습자들이 서로 협력하면서 심층적으로 연구하는 목적 지향적 학습활동이다. 프로젝트 학습은 학습자가 학습 전 과정에 주도적으로 참여하는 활동으로, 학습자가 모든 과정에 의사 결정권을 행사할 수 있는 기회를 가지며, 학습에 대한 책임도 동시에 가진다. 또한 주제, 제재, 문제, 쟁점 등에 관한 탐구 활동과 그 결과에 대한 표현 활동이다. 프로젝트 학습에서 탐구 활동이란 문헌조사와 현상조사(현장 활동과 견학활동), 현상 실험, 자원인사 면담 등의 다양한 방법을 활용하여 그 결과를 토의하고 분류, 정리하는 활동이다. 표현 활동은 문집, 그림, 구성물, 멀티미디어 등의 자료형식을 만들고, 이를 동료와 교사에게 발표하기, 전시하기, 극 활동하기와 같은 다양한 방법으로 제시하는 활동을 의미한다. 프로젝트 학습이 잘 진행되기 위해서는 학습능력이 각기 다른 학습자들이 동일한 학습목표를 향하여 소집단 내에서 함께 활동할 수 있도록 교수자가 역할분담을 잘 해야 한다.

3) 역할극(role-playing)

역할극(role-playing)은 어떤 가상의 역할을 수행하게 함으로써, 문제시되는 태도나 행동을 변화시키려는 기법의 일종으로 정서적 역할놀이다. 어떤 행동적인 경험, 즉 어떤 모델 속의 실제 인물이라는 가정 하에 행하는 행동을 통한 문제해결 교수 방법으로 학습자의 능동적인 참여를 바탕으로 한 학습효과를 기대한다. 역할극(role-playing)의 두 가지 기본 형태는 방법 중심 역할극 모델과 발전적 역할극 모델로 구분할 수 있다. 방법 중심 역할극 모델은 학습자가 제시된 상황에 적절하게 대처할 수 있도록 타당하고 일관성 있는 테크닉을 단기적으로 학습하게 하는 데 그 목적이 있으며, 적용 가능한 상황의 예로는 사무실 전화 응대, 신입생 등록 및 환자 입원 절차, 세일즈맨의 고객 불만 처리법, 서비스업체에서 고객을 다루는 법, 일상적인 은행업무 처리 방법 등이 있다. 발전적 역할극 모델은 문제 상황에서 야기된 감정과 태도를 탐구하여 역할 연기자가 자신과 타인에 대한 이해를 넓혀가도록 하는 데 그 목적이 있으며, 대인관계능력에 대한 교수에서는 자신의 특성을 발견하도록 하는 데 사용될 수 있을 것이다.

4) 프로그램 학습

프로그램 학습은 복잡한 행동을 학습시키기 위해 간단한 행동으로 분석하고 그것을 단계적으로 계속하여 목표에 접근할 수 있도록 강화함으로써 목적한 바를 이루는 학습 방법이다. 프로그램 학습을 하기 위해서 교수자는 교재의 내용을 되도록 작은 격차(small step)의 방법으로 분석해서 제시하며, 교재는 다만 제시하는 것으로 그치지 않고 학습자가 응답하고 처리하도록 제시하고, 제시된 내용에 대해서 학습자는 옳고 틀림의 응답을 표해야 하며, 각 학습단계를 자기 능력으로 통과하도록 해야 한다. 이러한 프로그램 학습의 단계는 대체로 ① 문제의 제시 ② 반응 ③ 측정 ④ 정착과 피드백의 과정을 거쳐 수행된다.

5) 시뮬레이션 학습

시뮬레이션 학습은 가상의 실제 상황에 직면하여 현실적인 해결책을 마련해 보는 학습형태이다. 시뮬레이션 학습을 위해서 교수자는 상호작용을 통한 교수보다 관리자 기능을 해야 하며, 무엇을 배우고 경험하는지를 인식시키고, 학습 내용에 대한 설명, 심판, 코칭, 논의를 해야 한다. 시뮬레이션 학습을 위한 단계는 ① 오리엔테이션 ② 참가자 훈련 ③ 활동 전개 ④ 참가자의 결과에 대한 논의를 거쳐서 수행되며, 실제의 환경을 단순한 요소들로 재구성하여 학습함으로써, 학습자가 자발적인 시행착오를 경험하도록 해야 한다.

6) 신문활용 교육(NIE)

신문활용 교육(Newspaper In Education)은 신문을 교재 또는 보조교재로 활용하여 지적인 성장을 도모하고 학습효과를 높이기 위한 교육 방법이다. 신문에는 매일 다양한 분야의 새로운 정보가 실리므로 이를 활용하면 유익하고 실용적인 교육이 가능하다. 따라서 교수자는 학습자로 하여금 신문의 기능과 역할, 제작 과정을 개론적 수준에서 이해하여 바르고 정확한 정보를 취사선택하는 방법을 스스로 터득할 수 있도록 하는 학습에도 중점을 둘 필요가 있다. 교수자는 학습자의 수준이나 목표에 따라 신문기사를 활용하는 방법과 사진을 활용하는 방법, 시사만화를 활용하는 방법, 광고를 활용하는 방법과 신문의 형식 자체를 활용하는 방법 중에서 선택할 수 있으나 주된 방법은 정보가 가장 많이 들어있는 기사를 활용하는 것이다. 신문활용 교육은 학습자에게 다양한 정보와 현상에 대한 이해, 간접적 경험 등 다양한 교수자료를 제공해 주기 때문에 학습자들의 종합적인 사고 및 학습능력 향상, 문제해결 및 의사결정 능력 배양, 정보 및 자료의 검색, 분석, 종합, 활용능력 제고를 가능하게 한다.

7) e-Learning

e-Learning은 인터넷을 활용하여 개인 및 조직의 목적과 연결되는 학습경험과 네트워크 기술을 이용하여 상호작용하는 자기주도적인 학습활동이다. e-Learning은 일방적인 지식의 전달과 습득을 위한 기존의 교수자 중심의 교육방식과 달리 학습자 스스로가 능동적으로 학습할 수 있도록 하기 위한 학습자 중심의 교육방법이다. 즉 e-Learning은 학습자가 개인의 학습목표에 도달할 수 있도록 돕기 위해 정보와 교수기법이 포함되어 있는 내용을 오디오나 텍스트, 그리고 시연, 사진, 애니메이션 또는 비디오와 같은 그림을 사용할 수 있는 컴퓨터를 통해서 전달되는 교수학습 방식을 의미한다. 따라서 e-Learning을 구현하기 위해서는 ① 콘텐츠(Contents) ② 인프라(Connectivity) ③ 학습공동체(Community)가 필요하다. 콘텐츠는 학습내용과 이를 지원하는 학습자원을 의미하며, 인프라는 학습자와 콘텐츠를 연결하는 데 필요한 각종 전달체제 및 e-Learning 지원 시스템을 의미한다. 학습공동체는 학습을 위해, 인프라와 콘텐츠를 기반으로 한 원활한 커뮤니케이션을 통해 협력하는 학생, 교수자, 운영자로 이루어진 공동체를 의미한다.

5 학습내용 확인지침

학습내용 확인지침은 학습자가 학습목표를 얼마나 성취했는지를 확인하는 것으로, 학습이 진행되고 있는 동안 학습자에게 피드백을 주거나, 학습이 모두 끝난 후 학습목표의 달성도를 확인하기 위한 것이다.

가. 학습내용 확인영역

대인관계능력에 대한 학습목표는 인지적 영역, 정의적 영역, 심동적 영역으로 나눌 수 있다. 따라서 학습내용 확인영역도 인지적, 정의적, 심동적 영역으로 구분하여 볼 수 있다.

1) 인지적 영역

대인관계능력 학습자용 가이드북에서 다루는 인지적 영역은 사실적 지식과 일반화원리의 두 가지로 나눌 수 있다. 사실적 지식이란 특정 공간과 시간에 일어난 사건에 관한 지식을 말한다. 이전에는 사실에 관한 지식을 평가 할 때 주로 지식을 검사(test)했다. 그러나 사실에 관한 지식은 여러 사회 현상을 설명해 주지 못하며 그 수명도 짧다. 반면에, 일반화원리는 사실적 지식보다 상위의 지식이다. 일반화는 개념과 개념사이의 원리를 나타낸다. 일반화원리는 사실적 지식보다 적용 가능성이 더 넓기 때문에 상위의 지식이라 할 수 있으며, 대인관계능력 학습목표의 성취수준을 확인할 때에도 중요하게 다루어져야 하는 종류의 지식이다. 지식을 사실적 지식과 일반화원리의 두 층으로 나눈다면, 전자를 습득하는 데 사용되는 인지 작용은 주로 암기 이하의 수준이며, 후자를 습득하는 데 사용되는 인지 작용은 적용, 분석, 종합, 평가일 것이다. 따라서 학습자의 대인관계능력의 인지적 영역에 대한 성취수준 확인은 일반화원리 위주로 이루어져야 한다.

2) 정의적 영역

정의적 영역이란 태도, 흥미, 감상 및 적응방식에 관한 것이다. 대인관계능력 학습에서의 정의적 영역으로는 조직의 갈등 해결 계획 수립, 협상계획 수립, 고객만족도 조사계획 수립 등을 들 수 있다. 이러한 정의적 영역 성취수준 확인방법은 지필 평가보다는 관찰법이나 포트폴리오 같은 방법이 더 적절하다. 정의적 영역 성취수준을 확인하기 위해서는 그 기능이 발휘되는 장면을 포착하여 그것을 누적하여 기록해 가는 방법이 좋다.

3) 심동적 영역

심동적 영역은 대인관계능력 학습내용 확인지침에서 중요한 목표이지만, 성취수준을 확인하기에는 어려운 영역이다. 일반적으로 심동적 영역이란 행동의 어떤 성향을 나타낸다. 예를 들어, 다른 사람의 의견에 대한 관용의 태도라고 하면, 자기와 다른 의견을 받아들이거나 자기 의견을 강요하지 않는 행동을 말한다. 따라서 심동적 영역 성취수준을 확인하기 위해서는 대인관계향상 방법이나 원리를 실천하고 습관화한 정도를 확인하며, 확인방법은 관찰법이 바람직하다. 특히 태도나 행동은 '억지로 꾸며' 보일 수가 있으므로, 피평가자가 학습내용을 확인하기 위한 상황을 의식하고 있으면 정확하게 확인을 할 수 없다. 그러므로 심동적 영역에 대한 학습내용 확인은 학습자가 알지 못하는 가운데 평소에 꾸준히 이루어지는 것이 바람직하다. 그리고 그것을 체크리스트 같은 것에 누적하여 기록해 나가는 것이 좋다.

나. 학습내용 확인절차

대인관계능력 학습내용 확인은 ① 교육목표의 이해 및 성취 기준의 구체화 ② 학습내용 확인 기준의 명료화 ③ 학습내용 확인 도구의 개발 ④ 학습내용 확인 실시 및 결과 활용의 절차를 거쳐 수행된다.

1) 교육 목표의 확인 및 성취 기준의 구체화

대인관계능력에 대한 학습내용 확인을 하기 위해서는 먼저 교육 체계상의 목표와 내용을 잘 이해하여야 한다. 그런데 한 학습모듈을 교수-학습해 나갈 때는 학습모듈을 좀 더 상세화할 필요가 있으며, 이를 성취 기준이라고 한다. 즉, 성취 기준이란 교수-학습에서 실질적인 기준 역할을 할 수 있도록 학습모듈을 구체화하여 학습자들이 성취해야 할 능력 혹은 특성의 형태로 진술한 것이다. 성취 기준은 내용과 활동 수행(performance)의 두 가지 요소를 포함해야 한다. 내용이란 예를 들어 '대인관계능력의 의미', '대인관계 향상방법' 등과 같이 가르쳐야 할 것을 말한다. 활동 수행이란 '설명할 수 있다', '수립할 수 있다' 등과 같이 실제로 할 수 있는 행동을 가리킨다.

2) 학습내용 확인 기준의 명료화

성취 기준이 결정되면 학습내용 확인 기준을 정해야 하는데, 기준은 교수자가 평가 문제 및 평가 상황의 내용과 수준을 결정할 때에 지침 역할을 한다. 평가 기준을 명료화하기 위해서는 각 평가 영역에 대하여 학습자들의 성취 정도를 상중하의 수준으로 나누고, 각 수준의 의미를 밝히며, 그것들의 근거를 생각한다.

3) 학습내용 확인 도구의 개발

학습내용 확인 기준이 결정되면, 이에 따라 각 내용별로 확인 도구를 개발한다. 대체로 사실적 지식은 다지 선택형 지필 고사가 적당하고, 그 이상의 지식은 지필 고사로는 측정이 불가능하다고 생각되고 있으나 꼭 그런 것은 아니다. 그러나 한 목표는 한 가지의 평가 방법만으로 다 측정될 수는 없다. 여러 가지 방법이 동시에 사용되어야 한다. 예를 들어 직업생활에서 협조적인 관계를 유지하고 조직구성원들에게 도움을 줄 수 있는 능력을 평가하기 위해서는 지필 검사는 물론이고 포트폴리오, 관찰 등 다양한 평가 방법이 필요할 것이다.

4) 학습내용 확인 실시 및 결과 활용

다지 선택형 지필 고사에서는 하나뿐인 정답이 숫자로 표시되기 때문에 채점 기준이 비교적 간단하다. 그리고 균등 배점을 하는 것이 보통이다. 그러나 경우에 따라서는 난이도에 따라 배점을 달리 할 수도 있다. 같은 지필 고사라고 하더라도 서술형 문제는 채점 기준을 만들고 이를 적용하여 채점을 할 때, 일반적으로 타당성과 신뢰성을 확보하는 것이 쉽지 않다. 또한 인터뷰, 관찰 평가 등도 채점의 객관성을 확보하는 것이 쉽지 않으므로 많은 노력을 해야 한다. 확인으로 모든 것이 끝나는 것은 아니다. 그것은 다음 교수-학습에 환류(feedback)되어야 한다. 확인결과는 학습자의 학업 성취도를 보여 준다. 이에 따라 보충(R)의 필요성, 혹은 심화(A)의 필요성이 나올 것이다. 나아가 교수자는 그것을 자신의 교수에 대한 검토 자료로 삼아야 한다.

다. 학습내용 확인방법

대인관계능력 학습내용 확인방법은 서술형 및 논술형, 구술시험 및 면접, 관찰 및 체크리스트, 포트폴리오로 구분할 수 있다.

1) 서술형 및 논술형

주어진 주제에 대한 생각을 자유롭게 작성함으로써 학습자의 학업 성취도를 알아보는 방법이다. 서술형은 그 해답이 예를 들어 3-4행 정도로 좀 더 간단하게 나올 수 있는 것을 가리키며, 논술형은 원고지 양식에 맞춰 각자의 생각을 논리적으로 비교적 길게 답하는 형식을 가리킨다. 이 방법은 학습자들의 응용력과 종합력, 표현력 등 고등 정신 능력을 측정하는 데 적합하다. 다만 채점의 객관성을 확보하는 것이 중요한 과제이다.

2) 구술시험 및 면접

구술시험은 교수자가 묻는 말에 학습자가 대답하는 형식의 시험이다. 구술시험의 특징은 피험자의 반응에 따라 교수자가 즉각적으로 후속 질문을 할 수 있다는 점이다. 이는 교수자가 피험자를 곤란하게 만드는 것이 아니라 피험자가 생각하는 것에 대해서 정확하게 후속 질문을 던질 수 있고, 그럼으로써 피험자의 이해 정도를 알 수 있음을 의미한다. 한편 구술시험은 내향적이고 발표력이 좋지 못한 학습자들에게는 불리하다는 단점이 있다. 구술시험을 실시할 경우, 가장 유의해야 할 점은 학습자에 대한 선입관을 없애야 한다는 점이다.

구술시험이 특정 내용에 대하여 학습자들이 알고 있는지를 묻는 데에 초점이 있다면, 면접은 수업의 분위기 등에 대하여 학습자가 생각하고 있는 것을 끄집어내는 데 중점을 둔다. 그러므로 면접에서는 학습자가 자신의 생각을 솔직하게 드러낼 수 있도록 더 자유스러운 분위기를 만들어야 한다.

3) 관찰 및 체크리스트

관찰은 수업 중의 행동, 토론, 발표, 토의 실습 등 학습자의 실제 행동을 관찰하여 학습자의 학업 성취도를 알아보는 방법이다. 관찰법이 다른 평가 방법과 다른 점은 만약 자신이 관찰을 받고 있다는 것을 학습자가 모른다면, 학습자의 가장 자연스러운 상태를 평가할 수 있다는 점이다. 다른 평가 방법에서는 피험자가 준비를 갖추고 평가에 임하기 때문에 그 본모습이 좀처럼 드러나지 않는다. 관찰 장면은 일회적으로 혹은 순간적으로 지나가 버리기 때문에 관찰한 결과를 기록으로 남기는 것이 필요하다. 그것은 메모 형식이 될 수도 있고 체크리스트 형식이 될 수도 있다. 관찰은 1회에 끝나는 것이 아니라 지속적으로 여러 번에 걸쳐 이루어져야 한다.

4) 포트폴리오

포트폴리오를 이용한 평가 방법은 어떤 주제에 대한 학습자의 관심·능력·진도·성취·노력·성장 등의 증거를 보여 주는 학습자의 작품을 평가하는 방법이다. 포트폴리오는 한 주제에 대해 학습자가 학습해 온 궤적을 나타내 준다고 할 수 있으며, 그런 의미에서 수행 평가의 취지에 잘 부합하는 평가 방법이라고 할 수 있다. 포트폴리오법이 보고서법과 다른 점은 그것이 보고서와 같은 결과물만을 보는 것이 아니라, 그 보고서가 나오게 되는 과정들까지도 볼 수 있다는 점이다. 그러므로 교수-학습을 할 때에는 학습자들에게 최종적인 보고서만을 준비하도록 하는 것이 아니라, 그 보고서를 준비하기 위해 했던 과정들이 자신이 했던 일을 되돌아보고 미래를 위한 자료로 삼을 수 있다는 점에서 필요하다는 사실을 깨닫도록 지도해야 한다.

라. 학습내용 확인유형

대인관계능력 학습내용 확인은 학습활동이 이루어지는 시점, 특히 학습과정에서의 기능적 역할을 기준으로 사전확인, 학습내용 확인하기, 사후확인으로 구분할 수 있다.

1) 사전확인

사전확인은 학습의 적절한 출발점을 결정하기 위해 학습 시작 전에 실시하는 활동이다. 사전확인은 학습자가 학습 시작 전 학습자들의 개인차가 매우 크다는 것을 전제하고 그에 적극적으로 대처하려는 확인활동이다. 사전확인의 목적은 학습자가 앞으로 학습할 내용을 성공적으로 학습하기 위해 충분한 준비가 되었는지를 확인하는 데 있다. 즉 사전확인을 활용함으로써 학습자들이 갖고 있는 능력이나 흥미 등의 장점과 단점을 분석하여 정확한 진단을 내리고 이에 입각해서 적절한 지도를 할 수 있다. 사전확인은 이러한 목적을 달성하기 위해 과거의 성적, 사전검사점수, 자기보고식 검사점수, 관찰결과 등을 활용할 수 있다.

본 가이드북에서는 사전확인의 방법으로 학습자용 가이드북에 예시된 대인관계능력 사전확인 체크리스트를 활용하도록 하였다. 체크리스트를 통해 학습자는 본인의 수준을 확인하고, 확인결과 부족한 부분이 무엇인지를 확인할 수 있다. 이러한 자기진단 체크리스트에 제시된 관련 학습내용과 가이드북 해당 페이지를 참조하여 확인결과 부족한 부분이 어느 곳으로 연결되는지를 알 수 있도록 하였다.

사전확인을 통해 학습자의 선수학습 수준이 밝혀지면, 교수자는 학습자가 충분히 알고 있는 부분은 점검만 한 후 다음 학습활동으로 넘어가고, 부족한 부분은 심층적으로 학습하는 등 지도계획을 수립하는 데 활용할 수 있다.

〈표 10〉 대인관계능력 사전확인 체크리스트

문항	그렇지 않은 편이다	보통인 편이다	그런 편이다
1. 나는 대인관계능력의 의미와 중요성을 설명할 수 있다.	1	2	3
2. 나는 대인관계능력 향상방법을 설명할 수 있다.	1	2	3
3. 나는 팀구성원들과 효과적으로 의사소통한다.	1	2	3
4. 나는 팀의 규칙 및 규정을 준수한다.	1	2	3
5. 나는 팀 내에서 나에게 주어진 업무를 성실하게 수행한다.	1	2	3
6. 나는 팀의 목표 달성에 필요한 자원, 시간을 파악하고 있다.	1	2	3
7. 나는 조직원들을 동기화할 수 있다.	1	2	3
8. 나는 리더의 행동 특성에 맞는 행동을 한다.	1	2	3
9. 나는 조직성과를 향상시키기 위한 전략을 제시한다.	1	2	3
10. 나는 수시로 조직원에게 코칭을 활용한다.	1	2	3
11. 나는 앞장서서 바람직한 변화를 선도한다.	1	2	3

(표 계속)

문항	그렇지 않은 편이다	보통인 편이다	그런 편이다
12. 나는 타인과 의견차이가 있을 때 원인을 파악한다.	1	2	3
13. 나는 타인과 대화할 때 생각과 가치관을 배려한다.	1	2	3
14. 나는 타인과의 갈등을 줄이기 위해서 노력한다.	1	2	3
15. 나는 타인과의 갈등을 조절할 수 있는 방법을 활용한다.	1	2	3
16. 나는 대화 시 쟁점사항이 무엇인지 파악한다.	1	2	3
17. 나는 대화 시 상대방의 핵심요구사항을 파악한다.	1	2	3
18. 나는 대화 시 상대방을 설득하기 위해서 노력한다.	1	2	3
19. 나는 협상할 때 사전에 전략을 수립한다.	1	2	3
20. 나는 고객의 유형에 따라서 대응한다.	1	2	3
21. 나는 고객의 요구를 수시로 파악한다.	1	2	3
22. 나는 고객의 불만사항을 해결하려 노력한다.	1	2	3

2) 학습내용 확인하기

학습내용 확인하기는 학습이 진행되고 있는 상황에서 학습자들이 학습목표를 달성하고 있는지 수시로 점검·확인하여 학습자 및 교수자에게 피드백을 제공하기 위한 목적으로 실시되는 활동을 의미한다. 피드백은 학습에 성공했을 때는 강화를 제공하고, 학습에 실패했을 때는 구체적인 학습오류를 확인하게 해준다. 학습내용 확인하기의 기능은 ① 학습속도를 개별화하고 ② 학습동기를 높이며 ③ 학습곤란을 진단해서 교정하고 ④ 학습방법을 개선하여 궁극적으로는 학습효과를 극대화하는 데 있다. 이러한 목적을 달성하기 위해 활용할 수 있는 방법으로는 5분 고사, 퀴즈, 쪽지시험 등이 있다. 또한, 의도한 바의 기능을 제대로 수행하기 위해서는 할 수 있는 한 자주 실시하는 것이 바람직하고, 확인결과를 학습자에게 즉시 피드백해 주는 것이 좋다.

본 가이드북에서는 학습내용 확인의 방법으로 학습자들이 각각의 학습활동을 마친 후 학습내용 확인을 통해 적절한 피드백을 받을 수 있도록 하였다. 또한, 학습내용 확인의 활용방법과 정답 및 해설을 활용해서 학습자들의 학습수준을 확인할 수 있다.

《예시》

1. 대인관계능력의 정의 중 빈칸에 알맞은 말을 채워 넣으시오.

> 대인관계능력이란 직업생활에서 협조적인 관계를 유지하고, 조직구성원들에게 도움을 줄 수 있으며, 조직 내부 및 외부의 (   )을 원만히 해결하고 고객의 (   )를 충족시켜줄 수 있는 능력이다.

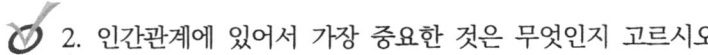

2. 인간관계에 있어서 가장 중요한 것은 무엇인지 고르시오.
    ① 어떻게 행동하느냐 하는 것
    ② 피상적인 인간관계 기법
    ③ 외적 성격 위주의 사고
    ④ 자신의 사람됨, 깊은 내면

3) 사후확인

사후확인은 일련의 활동이나 프로그램이 종료되었을 때 그 효과와 적합성을 최종적으로 확인하기 위한 목적으로 실시하는 판단활동을 의미한다. 일정 기간의 학습이 끝난 다음 학습의 효과를 판단하기 위해 실시된다.

이 가이드북에서는 사후확인의 방법으로 모든 학습모듈에 대한 학습을 마친 후 학습자들이 스스로 성취수준을 확인하도록 체크리스트를 제시하였다. 또한, 사후확인 체크리스트의 활용 방법, 확인방법, 확인결과를 통해 학습자의 전체적인 교육목표의 달성 정도를 확인하고, 부족한 부분을 파악하여 피드백할 수 있도록 구성하였다.

사후확인이 이루어지면 교수자는 학습자의 성취수준을 점검하고, 확인결과 부족한 부분에 대하여 문항별로 제시된 관련 학습모듈 및 페이지를 참고하여 해당 학습활동을 추가적으로 학습하거나, 별도의 과제를 부여하여 해당 학습내용을 충분히 숙지할 수 있도록 지도하여야 한다.

〈표 11〉 대인관계능력 사후확인 체크리스트

구분	문항	매우 미흡	미흡	보통	우수	매우 우수
F-1 대인관계 능력	1. 나는 대인관계능력의 의미를 설명할 수 있다.	1	2	3	4	5
	2. 나는 대인관계 형성 시 중요한 요소를 설명할 수 있다.	1	2	3	4	5
	3. 나는 대인관계 향상이 무엇인지 설명할 수 있다.	1	2	3	4	5

(표 계속)

구분	문항	매우 미흡	미흡	보통	우수	매우 우수
F-1 대인관계 능력	4. 나는 다양한 대인관계 향상 방법을 설명할 수 있다.	1	2	3	4	5
	5. 나는 다양한 대인관계 향상 방법을 실제 직업 생활에서 활용할 수 있다.	1	2	3	4	5
F-2-가 팀워크 능력	1. 나는 팀워크의 정의를 설명할 수 있다.	1	2	3	4	5
	2. 나는 팀워크와 응집성의 차이에 대해 설명할 수 있다.	1	2	3	4	5
	3. 나는 팀워크의 유형에 대해 설명할 수 있다.	1	2	3	4	5
	4. 나는 효과적인 팀의 특징에 대해 설명할 수 있다.	1	2	3	4	5
	5. 나는 팔로워십의 정의를 설명할 수 있다.	1	2	3	4	5
	6. 나는 팔로워십의 유형과 그에 따른 특징을 설명할 수 있다.	1	2	3	4	5
	7. 나는 팀워크를 촉진하기 위한 조건에 대해 설명할 수 있다.	1	2	3	4	5
	8. 나는 실제 현재 소속된 팀의 팀워크를 촉진할 수 있다.	1	2	3	4	5
F-2-나 리더십 능력	1. 나는 리더십의 의미를 설명할 수 있다.	1	2	3	4	5
	2. 나는 리더와 관리자의 차이를 설명할 수 있다.	1	2	3	4	5
	3. 나는 다양한 형태의 리더십 유형을 설명할 수 있다.	1	2	3	4	5
	4. 나는 조직구성원들에게 동기를 부여할 수 있는 방법을 설명할 수 있다.	1	2	3	4	5
	6. 나는 임파워먼트의 의미를 설명할 수 있다.	1	2	3	4	5
	7. 나는 임파워먼트가 잘 발휘될 수 있는 여건을 설명할 수 있다.	1	2	3	4	5
	8. 나는 변화관리의 중요성을 설명할 수 있다.	1	2	3	4	5
	9. 나는 일반적인 변화관리의 3단계를 설명할 수 있다.	1	2	3	4	5
F-2-다 갈등관리 능력	1. 나는 갈등의 의미를 설명할 수 있다.	1	2	3	4	5
	2. 나는 갈등의 단서가 무엇인지 설명할 수 있다.	1	2	3	4	5
	3. 나는 갈등의 원인이 무엇인지 설명할 수 있다.	1	2	3	4	5

(표 계속)

구분	문항	매우 미흡	미흡	보통	우수	매우 우수
F-2-다 갈등관리 능력	4. 나는 갈등의 두 가지 쟁점인 핵심문제와 감정적 문제를 구별할 수 있다.	1	2	3	4	5
	5. 나는 갈등 해결 방법을 모색하는 데 있어서 중요한 사항을 설명할 수 있다.	1	2	3	4	5
	6. 나는 원-원 갈등 관리법이 무엇인지 설명할 수 있다.	1	2	3	4	5
	7. 나는 원-원 전략에 기초한 갈등 해결 7단계를 설명할 수 있다.	1	2	3	4	5
F-2-라 협상능력	1. 나는 협상의 의미를 설명할 수 있다.	1	2	3	4	5
	2. 나는 협상의 중요성을 설명할 수 있다.	1	2	3	4	5
	3. 나는 협상과정 5단계를 설명할 수 있다.	1	2	3	4	5
	4. 나는 협상과정에서 해야 할 일을 설명할 수 있다.	1	2	3	4	5
	5. 나는 다양한 협상전략에 대해 설명할 수 있다.	1	2	3	4	5
	6. 나는 다양한 협상전략을 활용하여야 하는 경우를 설명할 수 있다.	1	2	3	4	5
	7. 나는 상대방을 설득하는 다양한 방법을 설명할 수 있다.	1	2	3	4	5
	8. 나는 상대방과 상황에 따라 적절한 방법을 활용하여 상대방을 설득시킬 수 있다.	1	2	3	4	5
F-2-마 고객 서비스 능력	1. 나는 고객서비스의 정의를 설명할 수 있다.	1	2	3	4	5
	2. 나는 고객서비스가 기업의 성장과 어떤 관계에 있는지 설명할 수 있다.	1	2	3	4	5
	3. 나는 고객의 불만 표현 유형을 설명할 수 있다.	1	2	3	4	5
	4. 나는 고객의 불만 표현 유형에 따라 대처 방법을 설명할 수 있다.	1	2	3	4	5
	5. 나는 고객의 불만 처리 프로세스를 설명할 수 있다.	1	2	3	4	5
	6. 나는 고객만족의 중요성을 설명할 수 있다.	1	2	3	4	5
	7. 나는 고객만족 조사 계획의 필수 요소를 설명할 수 있다.	1	2	3	4	5

5. 학습내용 확인지침

대인관계능력 지도실제

1. 대인관계능력 지도
2. 하위능력별 지도

   가. 팀워크능력 지도

   나. 리더십능력 지도

   다. 갈등관리능력 지도

   라. 협상능력 지도

   마. 고객서비스능력 지도

학습모듈 F-1
대인관계능력 지도

대인관계능력은 직업생활에서 협조적인 관계를 유지하고 조직구성원들에게 도움을 줄 수 있으며, 조직 내부 및 외부의 갈등을 원만히 해결하고, 상대방의 요구를 파악·충족시켜줄 수 있는 능력을 의미한다. 직업인이 조직 내에서 조직구성원으로서 원만한 관계를 유지하여 자신의 역할을 충실히 수행하기 위해서는 대인관계능력의 함양이 필수적이며, 이에 초점을 맞추어 지도하여야 한다.

지도계획

- **학습모듈 F-1 지도계획**

학습주제	대인관계능력
학습목표	직업생활에서 조적인 관계를 유지하고 조직구성원들에게 도움을 줄 수 있으며, 조직 내부 및 외부의 갈등을 원만히 해결하고 고객의 요구를 충족시켜줄 수 있는 능력을 기를 수 있다.
지도시간	1~2시간
교수자료	학습자용 가이드북, 교수자용 가이드북, 프레젠테이션 자료, 신문기사, 인터넷

- **학습활동별 지도계획**

학습활동	소요시간	주요내용	유의점
B1 대인관계능력의 의미와 중요성	20~50분	대인관계능력의 의미 자신의 대인관계능력 대인관계의 중요성	사례 및 활동을 통해 대인관계의 의미 및 중요성 파악
B2 대인관계 향상 방법	40~70분	감정은행계좌 대인관계 향상 방법	사례 및 활동을 통한 대인관계 향상 방법에 대한 논의
R1 다양한 대인관계 양식	20~30분	다양한 대인관계 양식에 대한 이해 나의 대인관계 양식 파악	대인관계 양식 간이 검사를 통해 나의 대인관계 양식에 대해서 파악

학습활동 지도

대인관계능력의 의미와 중요성

직업인들은 직업생활을 하면서 다양한 사람들과 마주하게 된다. 그렇다면 직업생활에서 대인관계능력이 중요한 이유는 무엇일까?

직업생활을 하다 보면 많은 사람들을 만나고, 또 함께 일하게 된다. 그리고 요즘 같이 일의 규모가 커진 실정에 혼자서 어떤 일을 하기란 매우 힘들다. 그러므로 대인관계를 원활히 유지하고, 개발하는 능력은 매우 중요하게 여겨지고 있다.

 사례

[지도 방법]
학습자들이 사례를 읽고, 대인관계능력의 의미와 중요성이 무엇인지 생각해 보도록 한다. 우리가 인생에서 성공하고 출세하기 위해서는 많은 것이 중요하지만, 특히 대인관계능력이 중요하다는 것을 강조한다. 또한 사례를 읽고 학습자 스스로 자신의 대인관계능력을 생각할 수 있는 분위기를 조성하도록 한다.

사회적 성공은 이타성에서 나온다!?

일반적으로 사람들은 경쟁이 치열한 현대사회에서는 이타적인 사람보다는 이기적인 사람이 성공할 것이라 생각한다. 왜냐하면 제한된 자원에서 더 많은 자원을 차지하기 위한 경쟁사회에서 개인의 성취를 위한 행동이 아닌 '타인을 위해 베풀고, 양보하고, 헌신하는 행동'은 경쟁에서 도태되고 손해를 본다고 생각하기 때문이다.

하지만 연구결과, 이타적인 사람들이 성공의 사다리에서 최상위층을 차지하며, 이기적인 사람들보다 사회적으로 더 성공한다는 것이 밝혀졌다. 어떻게 경쟁사회에서 이타적인 사람이 사회적으로 성공할 수 있는 것일까?

(사례 계속)

다소 과소평가 당하는 면이 있는 이타적인 사람이 성공을 하는 이유는 인생은 단거리 경주가 아닌 마라톤이기 때문이다. 누군가에게 더 많이 베푸는 행동은 지금 당장 나에게 이득이 되지 않지만 멀리 보면 사회적으로 좋은 평판을 가지고 온다. 특히 SNS 및 통신 기술의 발달로 어느 시대보다 빠르게 정보가 공유되고 확산되는 오늘날 이러한 사회적 평판은 성공에도 매우 중요한 역할을 한다.

실리콘 밸리의 기업인 애덤 포레스트 리프킨은 2011년 〈Fortune〉이 선정한 '전 세계 유력인사 640인과 가장 많이 연관된 인물'로 밝혀졌다. 그가 이렇듯 사회적으로 최고의 인맥을 쌓을 수 있었던 비결은 무엇일까?

"내 인맥은 천천히 구축되었습니다. '나와 관계가 있는 사람들이 보다 나은 인생을 살아가도록 돕고 싶다'는 마음으로 일상생활의 소소한 부분에서 친절한 태도와 행동을 지속하다 보니 시간이 흐르면서 인맥이 구축된 겁니다"라는 대답은 그가 누구보다 타인의 행복을 바랬던 이타적인 사람이라는 것을 보여준다.

또한 우리 현대 사회는 이전보다 더 협업하고 공동의 목표를 위해 팀 단위로 업무를 진행하고 처리하는 시스템으로 변화해 가고 있다. 팀은 특성상 정보를 공유하고, 남들이 꺼리는 일을 자원해야 하며, 희생적으로 돕는 이타적인 사람이 있어야 제 기능을 할 수 있다. 또한 팀 내에 이러한 이타적인 사람이 존재하면 팀의 전반적인 업무 분위기도 변한다. 이런 업무 환경에서 이기적인 사람보다는 이타적인 사람이 조직 내에서 인정받고 성공할 수밖에 없는 것이다. 이밖에도 인생의 성공은 남들보다 뛰어난 머리가 아닌 대인관계 능력이 좌우한다는 것을 보여준 많은 연구들이 있다.

'보스턴 40년 연구'를 살펴보면, 헬즈만이라는 보스턴 대학 교수는 사회경제적 지위에 영향을 끼치는 요인을 알아보기 위해 7살짜리 아이 450명을 선정한 후 40년 뒤 그들의 사회경제적 지위를 조사했다. 그 결과, 40년 후 이들의 출세 및 성공을 가장 잘 설명해 준 변수는 좌절을 극복하는 태도, 감정통제능력, 타인과 어울리는 능력 등으로 나타났다. 미국 카네기멜론 대학에서의 조사 연구에서도 유사한 결과가 나타났다. 대인관계가 인생의 성공에 어느 정도 영향을 미치는지에 대한 조사 결과, 지적 능력이나 재능이 성공에 미치는 영향은 15%에 불과했고 대인관계가 성공에 미치는 영향은 85%로 절대적인 것으로 나타났다.

특히 청소년기는 예비사회인으로서 직업인으로서의 삶을 준비하는 과정이기 때문에 바람직한 대인관계에 대하여 깊이 있게 생각하고 삶에 대한 가치관을 재정립할 필요가 있다. 그렇지 않으면 개인에 대한 사회적 기대와 역할, 사회생활과 직업생활의 적응에 따른 문제가 생겨날 수 있다.

출처 : 애덤그랜트, 윤태준 역 (2013). 기브앤테이크. 생각연구소.
문용린 교수 특강(서울대학교) 수정

> [사례 해설]
> 이 사례는 대인관계능력의 중요성에 대한 사례이다. 흔히 사람들은 한 사람의 출세와 성공에 가장 큰 영향을 주는 것은 학교성적, 즉 공부를 잘 하는 것이라고 생각한다. 그러나 실제로 미국의 연구 결과는 대인관계능력이 높은 사람이 성공하는 경우가 더 많았다는 것을 말해준다. 특히, 이타적인 사람들의 사회적 성공 사례를 통해 출세와 성공에 대인관계능력이 미치는 영향은 매우 크다는 것을 알 수 있다.

활동

[지도 방법]

이 활동은 직업생활 중 일어날 수 있는 사항들을 생각해 보면서, 학습자가 대인관계능력이 무엇인지 나름대로 생각하고, 자신의 대인관계능력을 스스로 점검해 보도록 한다. 학습자들이 활동의 빈칸을 직접 작성하고 발표하도록 한 후, 활동이 의미하는 바를 알려준다.

본인은 직업생활에서 필요한 대인관계 능력이 무엇이라고 생각하는가?

 현재 자신의 대인관계능력 중 장점과 단점을 기술하시오.

장점	단점

[활동 해설]

직업생활 중 대인관계능력이란 조직구성원들과의 협조적인 관계, 조직구성원들에게 업무상의 도움, 조직 내부의 갈등 해결, 고객의 요구 충족 등이 포함되도록 작성해야 한다. 자신의 대인관계능력 중 좋은 점과 개선이 필요한 점은 최근 직접 경험하였던 일들을 중심으로 가능한 구체적으로 작성해야 한다.

내용

[지도 방법]
학습자들이 대인관계능력의 의미가 무엇인지, 대인관계를 형성할 때 가장 중요한 것은 무엇인지, 대인관계능력이 왜 중요한지에 대해서 학습할 수 있도록 주요 내용을 제시하고, 사례와 활동과의 연관성을 찾도록 한다.

자기 혼자서 아무리 일을 잘하는 사람이라도 조직 내 사람들과 어울리지 못하면 그 능력을 잘 발휘하지 못하는 것이 요즘 직업 현장의 흐름이다. 특히 수평적 네트워크 체제가 보편화된 현대사회의 직업인에게 대인관계능력은 매우 중요한 요소이다. 직업 현장에서 생각하는 대인관계능력을 정의하면 아래와 같다.

대인관계능력이란 직업생활에서 협조적인 관계를 유지하고, 조직구성원들에게 도움을 줄 수 있으며, 조직 내부 및 외부의 갈등을 원만히 해결하고, 상대방의 요구를 파악·충족시켜줄 수 있는 능력이다.

인간관계를 형성할 때 가장 중요한 요소는 평소 말과 행동에서 드러나는 사람의 됨됨이다. 사람들은 말과 행동에서 상대방의 진정성을 느낀다. 우리의 말이나 행동이 피상적인 인간관계 기법에서 나오는 거라면, 상대방도 곧 우리의 이중성을 감지할 것이다. 피상적인 관계에서 우리는 상호 신뢰와 교감, 관계를 만들 수도 유지할 수도 없다.

건강한 대인관계에서 정말로 중요한 것은 존중과 배려이다. 대부분의 사람들은 존중과 배려라고 하면, 먼저 타인에 대한 존중과 배려를 생각한다. 하지만 다른 사람의 인간관계를 형성하기 시작하는 출발점은 자신의 내면이다. 내가 나를 존중하고 배려할 수 있을 때, 우리는 비로소 타인을 존중하고 배려할 수 있게 된다.

교수자료 : 직장 성공비결은 대인관계

일반적으로 성공하는 직업인의 처세술은 '상사에게 아부를 잘해 성공하는 것'으로 오해한다. 하지만 진정한 처세술은 '동료와의 관계를 합리적으로 정의하는 기술로, 사람들과 사귀며 세상을 살아가는 방법이나 수단'이다. 즉, 처세술은 대인관계 능력인 것이다.

직장에서 처세술이 필요한 이유는 무엇일까? 구인구직 매칭플랫폼 사람인은 2019년에 직업인 679명을 대상으로 '직장 내 처세술'에 대해 조사했다. 그 결과, 94.4%가 직업생활에 처세술이 필요하다고 답했다. 그 이유로는 '동료 및 상사와의 원만한 인간관계 (80.5%, 복수응답)가 가장 많이 나왔다.

처세술의 직업생활에 미치는 영향력에 대해서는 50%(22.5%) 〉 30%(17%) 〉 70%(15%) 〉 60%(14.5%) 〉 80%(12.2%) 순으로 답해 대부분의 사람들이 처세술이 직업생활에 미치는 영향력이 크다고 생각하다는 것을 알 수 있다. 흥미로운 사실은 같은 내용으로 2017년에 설문조사 했을 때에도, 90.4%가 처세술이 필요하다고 답했다는 것이다. 또한 2011년에도 97.8%가 처세술이 필요하다고 답하였다.

결국 과거나 현재 성공적인 직업생활에서는 처세술이 필요하고, 업무 능력 이상으로 인정받기 위한 핵심은 '동료 및 상사와의 원만한 인간관계'라는 것이다.

출처: 2020. 06. 20. 이데일리. (41)직장인 처세술: 롱련하는 직장인의 비결.
https://www.edaily.co.kr/news/read?newsId=01423526625803688&mediaCodeNo=257&OutLnkChk=Y

 **대인관계 향상방법**

직업인들은 직업생활에서 대인관계능력이 매우 중요하다는 것을 인식하고 있으면서도 정작 대인관계능력을 향상시키기 위해서는 어떻게 하여야 하는지 모르는 경우가 많다. 그렇다면 대인관계 능력을 향상시키기 위한 방법은 무엇일까?

우리 모두는 은행계좌가 무엇인지 잘 알고 있다. 우리는 은행에 계좌를 만들고 이를 통해 입금을 하며 필요할 때 인출할 수 있도록 잔고를 남긴다. '감정은행계좌'란 인간관계에서 구축하는 신뢰의 정도를 은유적으로 표현한 것이다.

 사례

[지도 방법]
학습자들이 사례를 읽고, 대인관계를 향상하기 위한 다양한 방법에는 어떠한 것들이 있는지 생각해 보도록 한다. 학습자들은 대인관계라고 하면 단순히 다른 사람과 잘 지내는 것이라고 생각하기 쉬운데, 대인관계능력의 의미를 생각해 보면서 보다 다양한 대인관계 향상 방법에 대해서 생각해 보도록 한다. 또한 사례를 읽고, 스스로 대인관계를 향상할 수 있는 방법에 대해서 생각할 수 있는 분위기를 조성하도록 한다.

〈사례 A〉 상대방에 대한 이해와 배려

동아리에서 12명의 회원이 설악산에 캠핑을 갔다. 저녁 무렵에 목적지에 도착하자 할 일이 많았다. 짐을 옮기고 텐트를 치고, 식사와 여흥 준비도 해야 했다. 이런 일에 늘 앞장서는 사람은 시우였다. 시우는 부지런히 짐을 나르고 땀을 흘리며 텐트를 치고 식사를 준비하였다. 그런데 연우는 쉬기 편한 곳을 찾아 자리를 깔고 앉아 다른 사람과 이야기꽃을 피우기 시작했다. 이윽고 식사가 마련되자 연우는 가장 좋은 자리를 먼저 차지하고 식사를 하였다. 시우는 모든 일에 솔선수범하고 희생하였고, 연우는 언제나 자신에게 유리한 기회만 찾아다니곤 하였다.

〈사례 B〉 사소한 일에 대한 관심

축산가공업 공장에 출근하게 된 신입사원 A씨는 얼마 전, 평소 무뚝뚝하고 표현을

(사례 계속)

잘 하지 않는 선배 B씨에게 따뜻한 감정을 느끼게 되었다. 아직 업무가 익숙하지 않아 작업 속도가 더뎠던 A씨는 다른 사람들보다 작업 시간이 더 길어지곤 했다. 장시간 작업으로 인해 어깨와 허리가 아팠던 A씨는 힘들게 작업을 이어가고 있었다. 선배 B씨는 평소보다 몸이 불편해 보이던 A씨에게 파스를 건네주며 익숙해지기 위해서는 시간이 필요하니 몸을 너무 혹사하지 말라고 조언해 주었다.

〈사례 C〉 약속 이행 및 언행일치

직장동료 H는 업무상의 문제로 나와 자주 갈등을 빚곤 한다. 처음에는 H가 "제 잘못이었습니다. 앞으로 절대 이런 일은 없을 것입니다"라고 사과를 하고 앞으로 같은 일이 반복되지 않을 거라 약속을 하여 좋은 관계를 유지해왔다. 하지만 같은 일이 반복되면서 그가 정말 자기 잘못이라고 생각하는지 의구심이 들기 시작하였고, 사과와 약속을 하더라도 이제는 별로 신뢰가 가지 않는다.

〈사례 D〉 칭찬하고 감사하는 마음

"L간호사, 우리 병원에 온 지 얼마나 됐지?" "3개월 되었습니다." "얼마 되지 않았는데 벌써 적응도 다하고 맡은 바 일을 정말 열심히 잘해 주고 있네. 난 L간호사가 우리 병원에 와준 게 너무 감사해."

P치과의 원장은 의술이 뛰어날 뿐만 아니라 마음씨가 따뜻하고 사려심이 깊은 사람이다. 그는 병원 내 간호사들에게 친절하게 대하며 업무도 친절하게 잘 설명해 주었다. 반면에, S치과의 원장은 간호사의 실수에 늘 못마땅하여 "아직도 그것밖에 못해?"라고 핀잔을 주기 일쑤였다. 그러다보니 C치과는 간호사가 자주 바뀌었고, 사소한 일들도 원장이 직접 해야 했다. 하지만 P치과는 이직률이 낮고 간단한 일은 대부분 간호사가 다 처리하였다. 따라서 의사가 더 많은 환자를 진료할 수가 있었다.

〈사례 E〉 진정성 있는 태도

K씨는 평소 직장 동료인 A씨와 개인적인 이야기도 주고받으며 잘 지냈다. 그런 둘을 보며 나는 둘이 친한 사이라고 생각을 하였다. 그런데 어느 날 나와 단 둘이 있을 때, K씨가 A씨에 대해 험담하기 시작하였다. 나는 순간 K에 대해 의심이 들었다. 내가 없을 때, 나에 대한 악담을 하지 않을까?

[사례 해설]

이 사례는 다양한 대인관계 향상 방법에 대한 사례이다. 사례 A '상대방에 대한 이해와 배려'는 집단 활동 중 개인적 편의만 추구하는 친구와 집단의 목적을 위해 솔선수범하여 봉사하는 친구를 대비시킨 사례이다. 사례 B '사소한 일에 대한 관심'은 사소한 일이라도 대인관계에 있어 매우 중요함을 보여 주는 사례이다. 사례 C '약속의 이행'은 대인관계 향상을 위해서는 철저하게 약속을 지키는 것이 매우 중요함을 보여 주고 있다. 사례 D '칭찬하고 감사하는 마음'은 긍정적인 언어 사용이 대인관계에 있어서 오해를 줄이는 방법임을 보여 준다. 사례 E '진정성 있는 태도'는 행동과 말을 일치시키는 것이 대인관계 향상에 매우 중요함을 보여 주고 있다.

활동

[지도 방법]

이 활동은 앞에서 읽은 사례를 바탕으로 학습자들이 스스로 자신의 대인관계능력을 향상하기 위해 할 수 있는 일들을 생각해 보도록 한다. 학습자들이 지금까지 자신의 대인관계능력에 대해서 다시금 고민해 보도록 하고, 대인관계능력을 향상하기 위해 가능한 많은 아이디어를 생각해 내도록 한다. 학습자들이 가능한 많은 아이디어를 도출할 수 있도록 유도하며, 아이디어의 옳고 그름을 판단하지 않게 한다.

 위에 제시된 사례를 읽고, 앞으로 자신의 대인관계능력 향상과 관련하여 느낀 점이 있으면, 자유롭게 적어 보자.

사례	사례를 통해 느낀 점
A	 • • •
B	 • • •
C	 • • •
D	 • • •
E	 • • •

[활동 해설]

평소에 사소하다고 생각했던 것들이 대인관계능력 향상에 있어서 매우 중요하다는 것을 보여 준다. 상대방을 이해하려 노력하기, 사소한 일에 관심을 보여 주기, 약속을 되도록 지키기, 상대방에게 기대하는 바를 명확하게 제시하기, 말과 행동이 일치하도록 노력하기, 진지한 사과를 하되 반복적인 사과는 삼가기 등은 대인관계능력 향상에 필수적이라는 것을 보여 준다. 특히 학습자들이 최근에 겪은 일들을 구체적으로 발표하여, 자신의 생각을 보다 구체화하는 것이 중요하다. 이렇게 주위에서 쉽게 할 수 있는 일들을 하나씩 차근히 실천해 나가는 것은 대인관계능력 향상의 시작이다.

자신의 대인관계능력을 생각할 수 있는 분위기를 조성하도록 한다.

내용

[지도 방법]
학습자들이 대인관계능력을 향상하기위해 실천할 수 있는 방법은 무엇이 있는지에 대해서 학습할 수 있도록 주요 내용을 제시한다.

우리 모두는 은행계좌가 무엇인지 잘 알고 있다. 우리는 은행에 계좌를 만들고 이를 통해 예입을 하며 필요할 때 인출할 수 있도록 잔고를 남긴다. 감정은행계좌란 인간관계에서 구축하는 신뢰의 정도를 은유적으로 표현한 것이다.

사람들은 같은 행동이더라도, 누가 했느냐에 따라 그 행동에 대한 원인을 다르게 판단하는 귀인편향을 가지고 있다. 예를 들어, 내가 회사에 지각을 한 이유에 대해서는 그날따라 차가 막혀서 늦었다고 생각한다. 즉, 늦은 이유에 대해서 외부(상황) 귀인을 한다. 그에 비해 다른 사람이 지각을 하면 평소 시간 약속을 잘 지키지 않는 사람, 성실하지 않은 사람으로 생각한다. 즉, 늦은 이유에 대해 내부 귀인을 하는 것이다. 중요한 것은 이러한 귀인편향은 우리 모두가 가지고 있으며 평소 잘 알고 지내는 사람에게는 내부 귀인이 아닌 외부 귀인을 한다는 것이다.

이때 위에서 설명한 것과 마찬가지로 평소 감정은행계좌를 통해 서로 신뢰를 구축한다면 회사 생활을 할 때 불필요한 오해와 편견을 예방할 수 있다. 평소 감정은행계좌의 저축이 두둑한 사람은 회사 생활 중 실수가 있더라도, 주변인들은 원래 저런 사람이라고 평가하지 않고 분명 어떤 이유가 있을 거라 생각하고 그 실수에 대해 이해하고 용서할 가능성이 높다. 그렇다면, 감정계좌에 신뢰를 저축하기 위한 방법에는 무엇이 있을까? 아래에서 감정계좌 저축을 위한 여섯 가지 주요 방법을 살펴보자.

1. 상대방에 대한 이해와 배려

대인관계란 바로 이해와 양보의 미덕을 기반으로 이루어지며, 이러한 심성이 주변사람들을 편안하게 해주고 조직을 부드럽게 하는 윤활유 같은 역할을 한다. 상대방의 입장에서 양보하고 배려하는 노력은 타인의 마음속에 저축하는 가장 중요한 방법이 된다. 이 저축은 시간이 갈수록 이자가 늘어 세월이 지나면 큰 가치로 되돌아온다. 감정은행계좌에 저축을 하기 위해서는 나보다 상대방의 입장을 먼저 이해하고 배려하는 노력이 있어야 한다. 다른 사람들에 대한 이해와 양보는 그들과의 유대관계를 강화하고 당신에 대한 인격과 신뢰를 쌓게 되는 것이다. 나의 작은 희생과 양보가 계속 쌓여 나중에는 큰 이익으로 돌아올 수 있는 것이다.

2. 사소한 일에 대한 관심

약간의 친절과 공손함은 매우 중요하다. 이와 반대로 작은 불손, 작은 불친절, 하찮은 무례 등은 막대한 인출을 가져온다. 인간관계에서의 커다란 손실은 사소한 것으로부터 비롯된다. 사람들은 매우 상처받기 쉽고 내적으로 민감하다. 이 점은 나이나 경험과는 별 상관이 없으며, 비록 외적으로 대단히 거칠고 냉담하게 보이는 사람도 내적으로는 민감한 느낌과 감정을 갖고 있다.

3. 약속 이행 및 언행일치

책임을 지고 약속을 지키는 것은 중요한 감정 예입 행위이며 약속을 어기는 것은 중대한 인출 행위이다. 사실 어떤 사람에게 대단히 중요한 약속을 해놓고 어기는 일보다 더 큰 인출 행위는 없다. 그러한 인출 행위가 발생하고 나면 다음에 약속을 해도 상대가 믿지 않기 마련이다. 사람들은 대개 약속에 대한 기대가 크다. 만약 당신이 약속을 항상 지키는 습관을 갖는다면 당신과 동료 사이에 이해의 간격을 이어 주는 신뢰의 다리를 놓게 될 것이다. 언행일치는 신뢰를 가져오고 감정은행계좌에 많은 종류의 예입을 가능케 하는 기초가 된다. 언행일치는 정직 그 이상의 의미를 갖는다. 정직은 사실대로 말하는 것으로 우리가 하는 말을 사실과 일치시키는 것이다. 언행일치는 사실을 우리의 말에 일치, 즉 실현시키는 것으로 약속을 지키고 기대를 충족시키는 것이다.

4. 칭찬하고 감사하는 마음

"칭찬은 고래도 춤추게 한다"라는 베스트셀러가 있었다. 상대방에 대한 칭찬과 감사의 표시는 상호 신뢰관계를 형성하고 사람의 마음을 움직이게 하는 중요한 감정 예입 행위이다. 그러나 상대방에 대한 불만과 불평은 커다란 인출을 가져온다. 대인관계의 손상은 서로 신뢰가 무너지고 불신과 불만이 쌓일 때 비롯된다. 사람들은 작은 칭찬과 배려, 감사하는 마음에 감동하게 되지만, 사소한 무관심과 불만에 쉽게 상처를 받는다.

5. 진정성 있는 태도

진정성 있는 태도는 신뢰 관계 형성에 매우 중요하다. 누군가 나에 대한 태도가 상황에 따라 변한다거나 앞과 뒷모습이 다르다면 그 관계를 유지하는 것은 어렵다. 그렇기 때문에 진정한 태도를 가지고 상대방을 대하는 것은 대인관계를 좋게 하는 데 필수적이다. 하지만 진정성 있는 마음을 가지고 있다하더라도 그것을 전하는 것은 어려울 수 있다. 진정성 있는 태도를 보여줄 수 있는 한 가지 예는 바로 진지한 사과이다.

진지한 사과는 감정은행계좌에 신뢰를 예입하는 것이다. 그러나 반복되는 사과는 불성실한 사과와 마찬가지로 받아들여져 신용에 대한 인출이 된다. 또한 평소 어떤 관계였는가에 따라 사과는 예입이 될 수도 있고 인출이 될 수도 있다. 실수를 저지르는 것과 그것을 인정하지 않는 것과는 완전히 별개의 문제이다. 사람들은 실수를 기꺼이 용서하려고 한다. 왜냐하면 실수란 보통 순간적인 판단 착오로 빚어지기 때문이다. 그러나 사람들은 의도적인 실수, 즉 나쁜 취지나 나쁜 동기 혹은 처음의 실수를 덮어 버리려는 오만한 정당화 등에 대해서는 쉽게 용서하려 들지 않는다.

다양한 대인관계 양식

사람들이 타인과 관계를 맺는 방식은 다양하다. 관계가 어려운 이유 중 하나는 내가 바라보는 관계와 타인이 바라보는 관계가 다르기 때문이다. 직장 내 대인관계를 잘 형성하기 위해서 먼저, 내가 타인과 맺는 대인관계 양식을 파악하는 것이 도움이 된다. 나의 대인관계 양식은 무엇일까?

우리는 관계를 통해 배우며 성장해 나간다. 가족, 학교, 직장 내 다양한 관계 안에서 소속감을 느끼기도 하며, 갈등을 경험하기도 하고, 때론 외로움을 느끼기도 한다. 대인관계가 어려운 이유 중 하나는 내가 바라본 관계와 상대가 바라본 관계가 다르기 때문이다. 그렇기 때문에 다양한 대인관계 양식을 이해하고, 내가 맺고 있는 대인관계 양식을 파악하는 것은 대인관계 형성 및 유지에 도움이 된다.

 사례

[지도 방법]

학습자들이 사례를 읽고, 관계를 맺는 방식의 다양성으로 인해 어려움을 겪은 적은 없는지 생각해 보게 한다. 이러한 대인관계 양식의 차이는 대인관계에 대한 동기의 차이로 나타날 수 있다. 다양한 대인관계 양식에 대해 이해하고, 나의 대인관계 양식은 무엇인지 파악할 수 있도록 한다.

취업 동상이몽

소도시에서 20살 때까지 지낸 A씨는 직장을 구하기 위해 고향집을 떠나 서울에서 자취생활을 시작하였다. 서울에 아는 이 아무도 없는 A씨에게 모든 것은 낯설었다. 그런 A씨에게 따뜻한 말을 건넨 건 옆방에 살고 있는 B씨였다. 동갑내기였던 A씨와 B씨는 서로 다른 성격을 가졌지만, 서울에서 구직을 하겠다는 목표가 같아 함께 취업 준비를 하며 친해졌다.

아르바이트비를 받는 날이면 서로에게 치킨을 사주며 앞으로의 미래를 응원하였다. 그러던 어느 날, A씨는 평소와 다른 B씨의 태도로 인해 마음이 상하였다. 평소와 다름없이 새롭게 뜬 취업박람회 정보를 B씨와 공유하기 위해 B씨 방을 찾았는데, B씨는 이미 M사에 인턴 지원서를 냈으며, 면접 일정과 겹쳐 취업 박람회에 함께 가지 못한

(사례 계속)

다는 것이었다.

A씨는 B씨에게 왜 본인에게는 M사의 인턴 정보를 알려 주지 않았느냐며 서운한 감정을 토로했다. 이에 B씨는 A씨에게 취업 준비에 있어서 서로 경쟁자인데 본인이 그걸 왜 알려 줘야 하냐며 A씨의 서운함에 당혹감을 감추지 못했다.

[사례 해설]

이 사례는 관계를 맺는 양식의 차이로 인한 대인관계의 어려움을 보여 준다. 대인관계 양식은 관계에 대한 동기에 따라 달라질 수 있다. 인간은 누구나 원만한 대인관계를 원하지만, 이러한 다양한 대인관계 양식의 차이로 인해 자신의 대인관계에 완전히 만족하는 사람은 매우 드물다. 대인관계는 노력에 따라 얼마든지 개선될 수 있으며, 원만하고 성숙한 대인관계를 맺는 사람들은 대부분 대인관계에 대한 깊은 관심을 지니고 노력하는 사람들이다. 행복하고 성숙한 삶을 위해서는 자신의 대인관계 양식을 반성하고 개선하려는 노력이 필수적이다.

활동

[지도 방법]
자신의 대인관계 양식을 평가해 볼 수 있다. 정답이 있는 것이 아니기 때문에 아래 제시된 문항에 대해서 본인이 얼마나 동의하는지 솔직하게 체크할 수 있도록 안내해 준다. 이 질문지는 타인의 대인관계 양식을 평가하는 데 사용할 수 있다. 그러나 이 경우, 결과는 타인의 성격이나 대인관계 양식에 대한 자신의 지각일 뿐이라는 점을 인식하고 타인에게 고정관념을 형성하지 않도록 유의해야 한다.

아래 제시된 문항에서 자신의 성격이나 대인관계를 잘 기술하는 정도에 따라 적절한 숫자에 O표를 하십시오.

문항	전혀 그렇지 않다	약간 그렇다	상당히 그렇다	매우 그렇다	문항	전혀 그렇지 않다	약간 그렇다	상당히 그렇다	매우 그렇다
1. 자신감이 있다	1	2	3	4	2. 꾀가 많다	1	2	3	4
3. 강인하다	1	2	3	4	4. 쾌활하지 않다	1	2	3	4
5. 마음이 약하다	1	2	3	4	6. 다툼을 피한다	1	2	3	4
7. 인정이 많다	1	2	3	4	8. 명랑하다	1	2	3	4
9. 추진력이 있다	1	2	3	4	10. 자기자랑을 잘한다	1	2	3	4
11. 냉철하다	1	2	3	4	12. 붙임성이 없다	1	2	3	4
13. 수줍음이 있다	1	2	3	4	14. 고분고분하다	1	2	3	4
15. 다정다감하다	1	2	3	4	16. 붙임성이 있다	1	2	3	4
17. 고집이 세다	1	2	3	4	18. 자존심이 강하다	1	2	3	4
19. 독하다	1	2	3	4	20. 비사교적이다	1	2	3	4
21. 온순하다	1	2	3	4	22. 단순하다	1	2	3	4
23. 관대하다	1	2	3	4	24. 열성적이다	1	2	3	4
25. 지배적이다	1	2	3	4	26. 치밀하다	1	2	3	4
27. 무뚝뚝하다	1	2	3	4	28. 고립되어 있다	1	2	3	4
29. 조심성이 많다	1	2	3	4	30. 겸손하다	1	2	3	4
31. 부드럽다	1	2	3	4	32. 사교적이다	1	2	3	4
33. 자기주장이 강하다	1	2	3	4	34. 계산적이다	1	2	3	4
35. 따뜻함이 부족하다	1	2	3	4	36. 재치가 부족하다	1	2	3	4
37. 추진력이 부족하다	1	2	3	4	38. 솔직하다	1	2	3	4
39. 친절하다	1	2	3	4	40. 활달하다	1	2	3	4

대인관계 유형	지배형	실리형	냉담형	고립형	복종형	순박형	친화형	사교형
문항번호	1,9,17,25,33	2,10,18,26,34	3,11,19,27,35	4,12,20,28,36	5,13,21,29,37	6,14,22,30,38	7,15,23,31,39	8,16,24,32,40
합계								

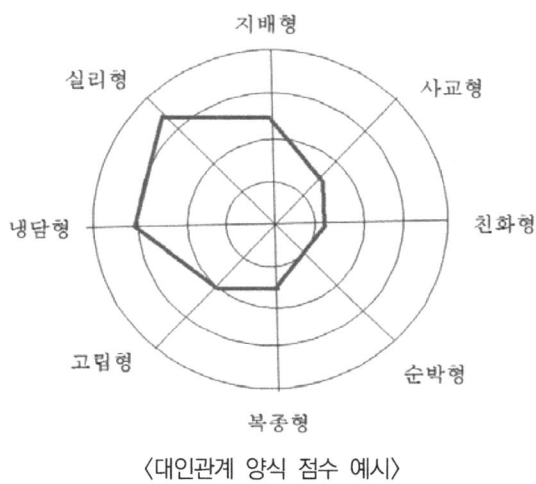

〈대인관계 양식 점수 예시〉

[활동 해설]

각 유형의 점수 범위는 5점~30점이며, 점수가 높을수록 해당하는 유형의 특성이 강하다고 할 수 있다. 한 가지 유형의 점수만 높게 나오는 경우는 드물며, 원형 구조상에서 인접한 몇 가지 유형들의 점수가 높게 나오는 경향이 있다. 각 유형의 점수를 원형구조에 표시하면 독특한 모양의 팔각형이 도출된다. 특정 방향으로 기울어진 형태를 보일수록 그러한 방향의 대인관계 양식이 강하다고 할 수 있다. 일반적으로 정팔각형이 이상적이나, 그러한 모양을 나타내는 경우는 드물다. 자신의 대인관계 양식을 나타내는 팔각형의 모양이 좀 더 균형을 갖출 수 있도록 노력하는 것이 바람직하다.

내용

> **[지도 방법]**
> 학습자들이 본인의 대인관계 양식에 대해 이해할 수 있도록 다양한 대인관계 양식의 주요 내용을 제시하고, 사례와 활동과의 연관성을 찾도록 한다.

사람마다 관계에 대한 욕구가 다르기 때문에 관계를 맺는 양식 또한 다르다. 대상에 따라 관계를 맺는 양식이 변화할 수 있지만, 일반적으로 사람은 일관성 있는 독특한 대인관계 양식을 지닌다. 따라서 다양한 대인관계 양식에 대해 이해하고, 본인의 대인관계 양식에 대해 파악한다면 관계를 형성하고 유지할 때 도움이 된다.

다양한 대인관계 양식은 지배성(dominance) 차원과 친화성(affiliation) 차원으로 분류된다. 지배성(dominance) 차원은 다른 사람의 행동을 자신의 뜻대로 통제하려 하는 정도를 의미하며, 지배-복종 연속선상에서 대인행동을 평가한다. 친화성(affiliation) 차원은 다른 사람을 호의적으로 대하는 정도를 뜻하며 사랑-미움의 연속선상에서 대인행동을 평가한다. 2가지 차원에 따라 총 8개의 대인관계 양식 유형으로 구분된다. 이제부터 대인관계 양식의 특징과 보완점에 대해서 살펴보도록 하자.

1. 지배형

대인관계에서 주도적이고 자신감이 넘치며 자기주장이 강해 타인을 통제하고자 하는 경향이 있다. 지도력과 추진력이 있어서 집단적인 일을 잘 지휘할 수 있다. 그러나 이러한 경향이 과도하게 강한 사람은 강압적이고 독단적인 행동을 보이고, 논쟁적이어서 타인과 잦은 갈등을 겪을 수 있다. 또한 윗사람의 지시에 순종하지 않고 거만하다는 평가를 받을 수 있다. 이런 사람은 타인의 의견을 잘 경청하고 수용하는 자세가 필요하며 타인에 대한 자신의 지배적 욕구를 깊이 살펴보는 것이 바람직하다.

2. 실리형

대인관계에서 실리적인 이익을 추구하는 성향으로 이해관계에 예민하고 치밀하며 성취 지향적이다. 이런 경향이 강한 사람은 자신의 이익을 우선으로 생각하기 때문에 자기중심적이고 경쟁적이며 타인에 대한 관심과 배려가 부족할 수 있다. 타인을 신뢰하지 못하고 불공평한 대우에 예민하며 자신에게 피해를 입힌 사람에게는 보복하는 경향이 있다. 이런 사람은 대인관계에서 타인의 이익과 입장을 배려하는 노력이 필요하며 타인과 신뢰를 형성하는 일에 깊은 관심을 갖는 것이 바람직하다.

3. 냉담형

대인관계에서 이성적이고 냉철하며 의지력이 강하고, 타인과 거리를 두는 경향이 있다. 이런 경향이 강한 사람은 타인의 감정에 무관심할 뿐만 아니라 타인에게 쉽게 상처를 줄 수 있다. 타인에게 따뜻하고 긍정적인 감정을 표현하는 것을 어려워하고, 대인관계가 피상적이며 타인과 오랜 기간 깊게 사귀지 못하는 경향이 있다. 이런 사람은 대인관계에서 타인의 감정 상태에 깊은 관심을 지니고 타인에게 긍정적인 감정을 부드럽게 표현하는 기술을 습득하는 것이 바람직하다.

4. 고립형

혼자 있거나 혼자 일하는 것을 좋아하며 감정을 잘 드러내지 않는다. 이런 경향이 강한 사람은 타인과의 만남을 두려워하고 사회적 상황을 회피한다. 또한 자신의 감정을 지나치게 억제한다. 침울한 기분이 지속되고 우유부단하며 사회적으로 고립될 수 있다. 이런 사람은 대인관계의 중요성을 인식하고 대인관계 형성에 좀 더 적극적인 노력을 할 필요가 있다. 타인에 대한 불편함과 두려움에 대해 깊이 생각해 보는 것이 바람직하다.

5. 복종형

대인관계에서 수동적이고 의존적이며 타인의 의견을 잘 따르고 주어지는 일을 순종적으로 잘 한다. 그러나 자신감이 부족하며 타인에게 주목받는 일을 피한다. 자신이 원하는 것을 타인에게 명확히 전달하지 못한다. 또한 어떤 일에 대한 자신의 의견과 태도를 확고하게 갖는 것을 어려워하며 상급자의 위치에서 일하는 것을 매우 부담스러워한다. 이런 사람은 자기표현이나 자기주장을 할 필요가 있으며 대인관계에서 독립성을 키우는 것이 바람직하다.

6. 순박형

대인관계에서 단순하고 솔직하며 겸손하고 너그러운 경향이 있다. 하지만 이런 경향이 강할수록 타인에게 쉽게 설득되어 주관이 없어 보일 수 있으며, 잘 속거나 이용당할 수 있다. 원하지 않을 때에도 타인의 의견에 반대하지 못하고, 화가 난 감정을 타인에게 알리기가 어렵다. 이런 사람은 대인관계에서 타인의 의도를 좀 더 깊게 생각하고 신중하게 행동할 필요성이 있으며, 자신의 의견을 좀 더 강하게 표현하고 주장하는 것이 바람직하다.

7. 친화형

대인관계에서 따뜻하고 인정이 많으며 타인을 잘 배려하고 도와주는 자기희생적인 태도를 보인다. 때로는 타인을 즐겁게 해주려고 지나치게 노력하는 경향이 있다. 타인의 고통과 불행을 보면 도와주려고 나서며, 타인의 요구를 잘 거절하지 못하고 타인의 필요를 자신의 것보다 앞세우는 경향이 있어 손해를 볼 수 있다. 이런 사람은 타인과의 정서적 거리를 유지하는 것이 필요하며 타인의 이익만큼이나 자신의 이익도 중요하다는 것을 인식하는 게 중요하다.

8. 사교형

대인관계에서 외향적이고 쾌활하며 타인과 대화하기를 좋아하고 인정받고자 하는 욕구가 강하다. 혼자서 시간을 보내는 것을 어려워하고, 타인의 활동에 관심이 많아서 간섭하는 경향이 있다. 충동적이며 잘 흥분하는 성향이 있으며 타인의 관심을 끄는 행동을 하거나 자신의 개인적인 일을 타인에게 너무 많이 이야기하는 경향이 있다. 이런 사람은 타인에 대한 관심보다 혼자만의 내면적인 생활에 좀 더 관심을 갖고, 타인에게 인정받으려는 욕구를 깊이 생각해 보는 것이 바람직하다.

구분	특징	보완점
지배형	▪ 대인관계에 자신이 있으며 자기주장이 강하고 타인에 대해 주도권을 행사 ▪ 지도력과 추진력이 있어서 집단적인 일을 잘 지휘함 ▪ 강압적이고 독단적, 논쟁적이어서 타인과 잦은 마찰을 빚음 ▪ 윗사람의 지시에 순종적이지 못하고 거만하게 보일 수 있음	▪ 타인의 의견을 잘 경청하고 수용하는 자세를 기를 것 ▪ 타인에 대한 자신의 지배적 욕구를 깊이 살펴보는 시간이 필요
실리형	▪ 대인관계에서 이해관계에 예민하고 치밀하며 성취 지향적 ▪ 자기중심적이고 경쟁적이며 자신의 이익을 우선적으로 생각하기 때문에 타인에 대한 관심과 배려가 부족 ▪ 타인을 신뢰하지 못하고 불공평한 대우에 예민하며 자신에게 피해를 입힌 사람에게는 보복하는 경향성 보임	▪ 타인의 이익을 배려하는 노력이 필요 ▪ 타인과의 신뢰를 형성하는 일에 깊은 관심을 갖는 것이 바람직
냉담형	▪ 이성적이고 냉철하며 의지력이 강하고 타인과 거리를 두며 대인관계를 맺는 경향성 있음 ▪ 타인의 감정에 무관심하고 상처 주기 쉬움 ▪ 따뜻하고 긍정적인 감정을 표현하기 어렵고 오랜 기간 깊게 사귀지 못함.	▪ 타인의 감정 상태에 깊은 관심을 지니고 긍정적인 감정을 부드럽게 표현하는 기술을 습득하는 것이 필요
고립형	▪ 혼자 있거나, 혼자 일하는 것을 좋아하며 감정을 잘 드러내지 않음	▪ 대인관계의 중요성을 인식하고 좀 더 적극적인 노력을 해야 함

구분	특징	보완점
	■ 타인을 두려워하고 사회적 상황을 회피하며 자신의 감정을 지나치게 억제 ■ 침울한 기분이 지속되고 우유부단하며 사회적으로 고립될 가능성 있음	■ 타인에 대한 불편함과 두려움에 대해 깊이 생각해 보는 것이 바람직함
복종형	■ 대인관계에서 수동적이고 의존적이며 타인의 의견을 잘 따르고 주어진 일을 순종적으로 잘 함 ■ 자신감이 없고 타인의 주목을 받는 일을 피함 ■ 자신이 원하는 바를 타인에게 잘 전달하지 못함 ■ 어떤 일에 대한 자신의 의견과 태도를 확고하게 지니지 못하며 상급자의 위치에서 일하는 것을 매우 부담스러워 함	■ 자기표현, 자기주장이 필요함 ■ 대인관계에서 독립성을 키우는 것이 바람직함
순박형	■ 단순하고 솔직하며 대인관계에서 너그럽고 겸손한 경향 ■ 타인에게 잘 설득 당할 수 있어 주관 없이 타인에게 너무 끌려 다닐 수 있으며 잘 속거나 이용당할 가능성 높음 ■ 원치 않는 타인의 의견에 반대하지 못하고 화가 나도 타인에게 알리기 어려움	■ 타인의 의도를 좀 더 깊게 들여다보고 행동하는 신중함이 필요 ■ 자신의 의견을 표현하고 주장하는 노력을 해야 할 것
친화형	■ 따뜻하고 인정이 많으며 대인관계에서 타인을 잘 배려하여 도와주고 자기희생적이 태도를 취함 ■ 타인을 즐겁게 해주려고 지나치게 노력하며 타인의 고통과 불행을 보면 도와주려고 과도하게 나서는 경향 ■ 타인의 요구를 잘 거절하지 못하고 타인의 필요를 자신의 것보다 앞세우는 경향성	■ 타인과의 정서적 거리를 유지하는 노력이 필요함 ■ 타인의 이익만큼 나의 이익도 중요함을 인식해야 할 것
사교형	■ 외향적이고 쾌활하며 타인과 함께 대화하기를 좋아하고 타인으로부터 인정받고자 하는 욕구가 강함 ■ 혼자서 시간 보내는 것을 어려워하며 타인의 활동에 관심이 많아 간섭하며 나서는 경향이 있음 ■ 흥분을 잘하고 충동적인 성향이 있으며 타인의 시선을 끄는 행동을 많이 하거나 자신의 개인적인 일을 타인에게 너무 많이 이야기하는 경향이 있음	■ 타인에 대한 관심보다 혼자만의 내면적 생활에 좀 더 깊은 관심을 지니고 타인으로부터 인정받으려는 자신의 욕구에 대해 깊이 생각해 볼 필요가 있음

학습정리

[활용 방법]
학습자들이 '학습모듈 F-1. 대인관계능력'에서 학습한 내용을 스스로 정리할 시간을 준다. 일정 시간이 지난 후 이해가 되지 않는 부분은 질문을 하도록 유도하고, 핵심적인 내용을 다시 한번 정리하여 준다.

1. 대인관계능력이란 직업생활에서 협조적인 관계를 유지하고, 조직구성원들에게 도움을 줄 수 있으며, 조직 내부 및 외부의 갈등을 원만히 해결하고 고객의 요구를 충족시켜줄 수 있는 능력이다.

2. 대인관계를 형성할 때 가장 중요한 요소는 무엇을 말하느냐, 어떻게 행동하느냐보다는 우리의 사람됨이라 할 수 있다. 대인관계에서 정말로 중요한 기법이나 기술은 독립적인 성품으로부터 자연스럽게 나오는 것이어야 한다.

3. 대인관계 향상이란 인간관계에서 구축하는 신뢰의 정도를 높이는 것을 의미한다. 다른 사람에 대해 공손하고 친절하며, 정직하고 약속을 지킨다면 신뢰를 높이는 셈이 된다.

4. 대인관계를 향상시키는 주요 방법에는 상대방에 대한 이해와 배려, 사소한 일에 대한 관심, 칭찬하고 감사하기, 약속의 이행 및 언행일치, 진지한 태도가 있다.

5. 대인관계를 잘 형성하고 유지하기 위해서는 다양한 대인관계 양식에 대한 이해가 필요하다. 대인관계 양식에는 지배형, 실리형, 냉담형, 고립형, 복종형, 순박형, 친화형, 사교형이 있다.

2. 하위능력별 지도

학습모듈 **F-2-가**

팀워크능력 지도

현대와 같이 경쟁이 치열한 환경에서 고성과 팀을 창조하고 지속시키는 일은 매우 중요하다. 실제로 조직이 생존에 급급해할지 또는 여유롭게 번영을 이룰지 여부는 팀을 효과적으로 운영하는 데 달려 있다. 이 때 모든 구성원이 조직의 주인으로서 사고하고 결정을 내리는 것은 매우 중요한 요건이다. 팀원 각자는 자신을 유용한 자원이라고 인식하고 고품질 팀을 창조하기 위해 노력해야 한다. 이를 위해 팀워크능력 향상은 필수적이며, 이에 초점을 맞추어 지도하여야 한다.

지도계획

- **학습모듈 F-2-가 지도계획**

학습주제	팀워크능력
학습목표	직업생활에서 다른 구성원들과 목표를 공유하고 원만한 관계를 유지하며, 자신의 역할을 이해하고 책임감 있게 업무를 수행하는 능력을 기를 수 있다.
지도시간	2~3시간
교수자료	학습자용 가이드북, 교수자용 가이드북, 프레젠테이션 자료, 신문기사, 인터넷

- **학습활동별 지도계획**

학습활동	소요시간	주요내용	유의점
B1 효과적인 팀워크	40~50분	팀워크의 정의 팀워크와 응집력의 차이 팀의 유형 효과적인 팀의 특성	사례 및 활동을 통해 팀워크의 의미 파악

학습활동		소요시간	주요내용	유의점
B2	팔로워십의 의미	40~60분	자신의 팔로워십 진단 팔로워십과 리더십의 차이 팔로워십 유형	사례를 통한 팔로워십 의미 파악, 활동을 통한 자신의 팔로워십 유형 진단
A1	팀워크 촉진 방법	30~50분	동료 피드백 장려하기 갈등을 해결하기 창의력 조성을 위해 협력하기 참여적으로 의사결정하기	사례 및 활동을 통한 팀워크 촉진 방법 이해

학습활동 지도

효과적인 팀워크

운동경기를 보다 보면 개인의 능력도 중요하지만 팀워크가 매우 중요하다는 것을 알 수 있다. 직업생활에서도 마찬가지로 팀워크능력을 극대화할 때 성과가 극대화될 것이다. 팀워크능력이란 무엇인지 알아보자.

우리는 직장에서뿐 아니라 일상에서도 팀워크란 말을 자주 사용한다. 스포츠 세계에서 말하는 팀다운 팀의 조건은 직업 세계에도 그대로 적용된다. 팀이라고 소개되는 집단을 살펴보면, 함께 상호작용하는 방식에 대해 가장 기본적인 사항조차 이해하지 못하는 개인들이 단순히 모여 있는 것에 불과한 경우가 흔하다. 그러한 집단은 진정한 팀이 될 기회를 가져 보지 못할 것이다.

 사례

[지도 방법]

학습자들이 〈사례 1〉을 읽고, 팀워크의 의미가 무엇인지 생각해 보도록 한다. 스포츠 세계에서만 팀워크가 강조되는 것은 아님을 설명하면서, 조직의 성과를 높이기 위해서는 팀워크의 향상이 필수임을 이해시킨다. 또한 사례를 읽고 스스로 팀워크의 의미를 생각할 수 있는 분위기를 조성하도록 한다.

〈사례 2〉를 읽고 효과적인 팀의 특성은 무엇인지 생각해 보도록 한다. 현재 자신이 속한 팀은 과연 효과적인지 생각해 보는 시간을 제공하며, 가능하다면 서로 의견을 공유할 수 있는 토론 시간을 확보하는 것이 좋다. 또한 사례를 읽고, 스스로 효과적인 팀의 특성에 대해서 생각할 수 있는 분위기를 조성하도록 한다.

사례 1: 조정경기에서의 팀워크

조정경기만큼 팀원들의 협동심이 강조되는 종목은 없을 것이다. 특히 팀원들은 조타수를 전적으로 믿고 조타수의 지시 아래 일사불란하게 움직여야만 소기의 목적을 이룰 수 있다. 경기하는 중에는 모든 팀원들이 힘들고 지치게 마련이다. 이런 어려운 상황에 처해 있을 때 팀원 중 한 명이라도 노를 움직이지 않으면 다른 팀원들이 더 열심히 노를 저어야 한다. 그렇지 않으면 배는 이리저리 방황하게 된다.

조직에서도 조직구성원 간의 팀워크가 무엇보다도 강조된다. 리더는 조타수와 같이 팀워크와 체력을 안배해서 목표를 결정해야 하고, 팀원들은 목표지점인 결승점에 도달하기 위해 리더의 지휘에 충실히 따라야 능력을 배가할 수 있다.

우리는 혼자서 하기 어려운 일을 합심해서 성취한 성공사례를 주위에서 종종 보게 된다. 성공사례의 면면을 들여다보면 팀원들 간의 협동심과 희생정신이 바탕을 이루어 시너지 효과를 나타낸 경우가 대부분이다. 팀워크는 조직의 목표를 효과적으로 달성하기 위한 지름길이다.

사례 2: 지휘자가 없는 오케스트라

일반적으로 오케스트라는 지휘자와 악단이 균형과 조화를 이룰 때 최고의 선율이 흘러나온다. 오케스트라가 팀이라면 지휘자는 리더이다. 통일성 속에서 개성이 살아나고 전체 선율 속에서 각 악기가 가진 고유한 소리를 낼 때 가장 빛난다. 최고의 팀워크가 만들어 내는 산물이다.

그런데, 여기 다른 유형의 오케스트라가 있다. 수요일 저녁, 훌륭한 음악회에 대한 기대로 가득 찬 카네기홀. 따뜻한 박수갈채를 받으며 무대에 오른 오르페우스 실내악단의 연주자들은 모두 자신에 차 있다. 이 오케스트라는 다른 오케스트라와 다른 점이 있다. 바로 지휘자가 없다는 점이다.

1972년 첼리스트 줄리안 파이퍼(Julian Fifer)가 창립한 오르페우스 악단은 구성원

(사례 계속)

모두에게 음악을 지휘할 권한을 준다. 지휘자의 단일 지도력에 의존하기보다 구성원의 기술과 능력, 정열적인 신뢰에 의존하는 것이다. 음악을 연주하는 사람에게 권한을 주려는 결정은 위계질서를 기본으로 하는 전통적인 오케스트라와는 근본적으로 다른 구조를 필요로 했다. 창립 멤버는 민주적 가치를 기반으로 하는 실내악에서 영감을 찾았는데, 작은 앙상블(10명 이내)은 자율지도 팀처럼 움직이면서 권한, 책임, 리더십, 그리고 동기부여를 함께 한다.

[사례 해설]

〈사례 1〉은 팀워크의 의미와 중요성에 대한 사례이다. 조정경기에서는 팀워크가 특히 중요함을 강조하면서, 조직에서도 이와 마찬가지로 팀워크 구축이 필수임을 보여주고 있다. 팀워크는 목표 달성의 지름길이며, 팀원들 간의 협동심과 희생정신이 바탕을 이룰 때 시너지 효과가 나타남 또한 강조하고 있다.

〈사례 2〉는 효과적인 팀으로서 '자율지도 팀(self-directing team)' 또는 '자율설계 팀(self-designing team)에 대한 설명이다. 이러한 자율지도 팀이 놀랄만한 성과를 거두는 경우가 자주 있다. 사례에서 제시된 오르페우스 실내악단이 대표적인 경우이다. 자율지도 팀은 혁신 잠재력이 가장 크며, 목표 수행을 위한 동기를 부여하고 조직에 학습과 변화의 기회를 제공한다. 또한, 자율지도 팀은 복잡하고 불분명한 문제 또는 차세대 계획 수립 등의 업무에 이상적이다.

활동

> **[지도 방법]**
> 이 활동은 학습자들이 직업생활 중 팀워크란 무엇인지에 대해서 스스로 생각해 보게 하는 활동이다. 팀워크란 무엇인지 각자의 생각을 적어 보도록 하고, 응집력과는 어떠한 차이가 있는지를 생각해 보도록 한다.

여러분은 구성원 모두가 한 몸처럼 팀을 이루어 경기하는 모습을 본 적이 있는가? 이는 단순히 화려한 경기를 펼치는 팀을 말하는 것이 아니다. 진정한 팀이란 각자 적합한 포지션을 배정받은 선수들이 한마음으로 서로 호흡을 맞춰 노력한 결과 계속해서 승리하는 진정한 팀을 말한다. 이런 팀에 대하여 우리는 흔히 팀워크가 좋다는 표현을 한다. 그렇다면, 팀워크란 무엇인가?

 팀워크란 무엇인지 각자의 생각을 적어 보자.

팀워크를 우리는 흔히 응집력이라 표현하기도 한다. 그렇다면 팀워크와 응집력은 같은 것인가? 아니면 다른 것인가?

 팀워크와 응집력의 차이에 대해서 각자의 생각을 적어 보자.

팀워크	응집력
▶	▶
▶	▶
▶	▶
▶	▶
▶	▶

 팀워크를 효과적으로 발휘하는 팀과 그렇지 못한 팀에 대해서 생각해 보자.

1. 효과적인 팀워크를 발휘하는 팀은 어떤 특성을 가지고 있는가?

2. 팀워크가 좋지 못한 팀은 어떤 특성을 가지고 있는가?

F-2-가. 효과적인 팀워크

💡 공동의 목표를 효과적으로 성취할 수 있는 활력에 찬 팀을 만들기 위해 당신은 어떤 아이디어를 가지고 있는가?

[활동 해설]

팀워크는 Team과 Work의 합성어로서 팀구성원이 공동의 목적을 달성하기 위하여 상호 관계성을 가지고 협력하여 일을 해 나가는 것을 의미한다. 학습자가 작성한 팀워크의 의미와 어떠한 차이점이 있는지를 확인하는 것이 중요하다. 또한, 팀이 성과는 내지 못하면서 분위기만 좋은 것은 팀워크가 좋은 것이 아니라 응집력이 좋은 것이다. 목표달성의 의지를 가지고 성과를 내는 것이 팀워크이다.

내용

> **[지도 방법]**
> 학습자들이 팀워크의 의미, 팀워크와 응집력의 차이, 팀워크의 유형에 대해서 학습할 수 있도록 주요 내용을 제시한다.
> 학습자들이 효과적인 팀의 특성에는 어떠한 것들이 있는지 학습하도록 한다. 구체적으로 효과적인 팀의 특성에는 명확하게 기술된 사명과 목표, 창조적인 운영, 결과에 초점을 맞추는 것, 역할과 책임의 명료화, 조직화, 개인의 강점 활용, 리더십 역량 공유, 팀 풍토 발전, 의견의 불일치를 건설적으로 해결, 개방적인 의사소통, 객관적인 결정, 팀 자체의 효과성 평가 등이 있음을 주요 내용으로 제시한다.

팀워크(Teamwork)의 정의는 너무나 다양하다. 이것을 이해하는 것이 팀워크를 향상시키는 데 첫 번째 단계라 할 수 있다. 팀워크에 대한 정의는 다음과 같이 내릴 수 있다.

팀워크란 팀구성원이 공동의 목적을 달성하기 위하여 상호관계성을 가지고 협력하여 업무를 수행하는 것이다.

$$\text{Teamwork} = \text{Team} + \text{Work}$$

여기서 볼 수 있듯이 팀워크의 정의는 팀(team)과 일(work)이라는 키워드를 지니고 있다. 그렇다면 응집력과 팀워크는 어떤 차이가 있을까?

우선, 응집력은 "사람들로 하여금 집단에 머물도록 만들고, 그 집단의 멤버로서 계속 남아 있기를 원하게 만드는 힘"이라 할 수 있다. 즉, 팀워크와 응집력의 차이는 팀 성과의 유무에 있다. 성과는 내지 못하면서 팀의 분위기만 좋은 것은 팀워크가 좋은 것이 아니라 응집력이 좋은 것이다. 팀워크는 단순히 사람들이 모여 있는 것을 중요시하는 것이 아니다. 목표달성의 의지를 가지고 성과를 내는 것이 바로 팀워크이다.

팀 워 크	응 집 력
팀구성원이 공동의 목적을 달성하기 위해 상호 관계성을 가지고 서로 협력하여 일을 해 나가는 것	사람들로 하여금 집단에 머물도록 만들고, 그 집단의 멤버로서 계속 남아 있기를 원하게 만드는 힘

훌륭한 팀워크를 유지하기 위해 팀원들이 갖추어야 할 기본요소는 다음과 같다.

가. 팀원 간에 공동의 목표의식과 강한 도전의식을 갖는다.
나. 팀원 간에 상호 신뢰하고 존중한다.
다. 서로 협력하면서 각자의 역할과 책임을 다한다.
라. 솔직한 대화로 서로를 이해한다.
마. 강한 자신감으로 상대방의 사기를 드높인다.

팀워크는 팀구성원들이 공동의 목적을 달성하기 위해 각자가 맡은 역할에 따라 서로 협력적으로 행동하는 것을 말하는데, 이러한 팀워크를 저해하는 요소는 다음과 같다.

가. 조직에 대한 이해 부족
나. 자기중심적인 이기주의
다. '내가'라는 자아의식의 과잉
라. 질투나 시기로 인한 파벌주의
마. 그릇된 우정과 인정
바. 사고방식의 차이에 대한 무시

효과적인 팀이란 팀 에너지를 최대로 활용하는 고성과 팀이다. 팀원들의 강점을 잘 인식하고 이를 잘 활용하여 팀 목표를 달성하는 자신감에 찬 팀이다. 또한 효과적인 팀은 업무 지원과 피드백, 그리고 동기부여를 위해 구성원들이 서로 의존하는 팀이다. 한마디로 말해서 효과적인 팀은 다른 팀들보다 뛰어나다.

효과적인 팀은 공통적으로 어떤 핵심적인 특징을 가지고 있다. 효과적인 팀의 핵심적인 특징은 다음과 같다.

◆ 팀의 사명과 목표를 명확하게 기술한다.

팀은 명확하게 기술된 목적과 목표를 가질 필요가 있다. 이는 지금 당장 해야 할 일을 이해할 뿐만 아니라 팀이 전체적으로 초점을 맞추고 있는 부분을 이해하는 것이다. 목표와 목적을 공유하면, 팀원들은 팀에 헌신하게 된다. 따라서 효과적인 팀의 리더는 팀의 목표를 규정하는 데 모든 팀원을 참여시킨다.

◆ 창조적으로 운영된다.

실험정신과 창조력은 효과적인 팀의 중요한 지표이다. 이러한 팀은 서로 다른 업무수행 방식을 시도해 봄으로써 의도적인 모험을 강행한다. 실패를 두려워하지 않으며, 새로운 프로세스나 기법을 실행할 수 있는 기회를 추구한다. 또한 효과적인 팀은 문제를 다루거나 결정을 내릴 때 유연하고 창조적으로 행동한다.

◆ 결과에 초점을 맞춘다.

필요할 때 필요한 것을 만들어 내는 능력은 효과적인 팀의 진정한 기준이 된다. 효과적인 팀은 개별 팀원의 노력을 단순히 합친 것 이상의 결과를 성취하는 능력을 가지고 있다. 이러한 팀의 구성원들은 지속적으로 시간, 비용 및 품질 기준을 충족시켜 준다. "최적 생산성"은 바로 팀원 모두가 공유하는 목표이다.

◆ 역할과 책임을 명료화시킨다.

효과적인 팀은 모든 팀원의 역할과 책임을 명확하게 규정한다. 팀원 각자는 자신에게서 기대되는 바가 무엇인지를 잘 알고 있으며, 동료 팀원의 역할도 잘 이해하고 있다. 효과적인 팀은 변화하는 요구와 목표 그리고 첨단 기술에 뒤쳐지지 않도록 역할과 책임을 새롭게 수정한다.

◆ 조직화가 잘 되어 있다.

효과적인 팀은 출발에서부터 규약, 절차, 방침을 명확하게 규정한다. 잘 짜인 구조를 가진 팀은 자체적으로 해결해야 하는 모든 업무과제의 요구에 부응할 수 있다.

◆ 개인의 강점을 활용한다.

스포츠팀의 코치는 운동선수가 지닌 역량을 끊임없이 파악한다. 이와 마찬가지로, 효과적인 팀의 리더는 팀이 지닌 지식, 역량 및 재능을 정기적으로 파악한다. 팀 리더는 팀원의 강점과 약점을 잘 인식하며, 따라서 팀원 개개인의 능력을 효율적으로 활용한다.

◆ 리더십 역량을 공유하며 구성원 상호 간에 지원을 아끼지 않는다.

효과적인 팀은 팀원 간에 리더십 역할을 공유한다. 이러한 팀은 모든 팀원에게 각각 리더로서 능력을 발휘할 기회를 제공한다. 또한, 팀의 공식 리더가 팀 노력을 지원하고 팀원 개개인의 특성을 존중하기 때문에 팀원들은 감독자의 역할을 충분히 이해할 수 있다.

◆ 팀 풍토를 발전시킨다.

효과적인 팀의 구성원들은 높은 참여도와 집단 에너지(즉, 시너지)를 갖고서 열정적으로 함께 일한다. 팀원들은 협력하여 일하는 것이 더욱 생산적이라고 느끼며 팀 활동이 흥미와 원기를 회복시킨다고 본다. 이러한 팀은 고유한 성격을 더욱 발전시켜 나간다.

◆ 의견의 불일치를 건설적으로 해결한다.

어떤 팀에서든 의견의 불일치는 발생한다. 그러나 논쟁은 나쁘거나 파괴적이지만은 않다. 효과적인 팀은 갈등이 발생할 때 이를 개방적으로 다룬다. 팀원은 갈등의 존재를 인정하며, 상호신뢰를 바탕으로 솔직하게 토의를 함으로써 갈등을 해결한다.

◆ 개방적으로 의사소통한다.

효과적인 팀의 구성원들은 서로 직접적이고 솔직하게 대화한다. 팀원 각자는 상대방으로부터 조언을 구하고, 상대의 말을 충분히 고려하며, 아이디어를 적극 활용한다.

◆ 객관적인 결정을 내린다.

효과적인 팀은 문제를 해결하거나 의사를 결정할 때 잘 정리되고 전향적인 접근방식을 가지고 있다. 결정은 합의를 통해 이루어진다. 따라서 모든 사람들은 내려진 결정을 준수하고 기꺼이 이를 지원하고자 한다. 팀원들은 어떠한 결정에 대해서든 각자의 생각을 자유롭게 개진한다. 이를 통해 결정을 명확하게 이해하고 수용하며, 상황별 대응계획(예비계획)을 마련한다.

◆ 팀 자체의 효과성을 평가한다.

팀은 자체의 운영방식에 대해 일상적으로 점검할 필요가 있다. '지속적인 개선'과 '전향적 관리'는 효과적인 팀의 운영원리이다. 따라서 만약 업무 수행에 문제가 발생하더라도 심각한 상태가 되기 전에 해결할 수 있다.

교수자료 : 신입사원 영어보다 협동심 중요!

기업들은 인력 채용 시 '영어 실력'보다는 '조직 적응력 및 협동심'을 중시하는 것으로 나타났다. 한국경영자총협회는 지난 3월 19일부터 4월 6일까지 100인 이상 업체 321곳의 인사·노무담당자를 대상으로 '대졸 신입사원 업무능력 평가 조사'를 실시한 결과 이처럼 나타났다고 6일 밝혔다. 경총에 따르면 인사·노무 담당자들은 인력 채용 시 중시하는 평가 요소에 대해 '조직적응력 및 협동심'(28.3%), '업무전문성 및 창의성'(22.7%), '적극성과 성취욕'(22.3%), '인간성과 원만한 대인관계'(21.1%) 등을 꼽았다.

반면 과거 신입사원 채용 시 객관적 지표로 높게 평가되던 '학점·영어성적'(4.0%)은 그 중요도가 매우 떨어지는 것으로 나타났다. 경총은 이에 대해 "실업난으로 인한 학점·영어점수 인플레 현상(어떤 것의 가치가 폭락하는 현상)이 심화됐다"며 "기업들은 이른바 '간판'보다는 인재의 내재적 가치를 중시하는 경향을 보인다"고 설명했다.

출처 : 내일신문, 2007. 5. 7일자
https://news.naver.com/main/read.nhn?mode=LSD&mid=sec&sid1=102&oid=086&aid=0000061115

불황기 인재상은 긍정성, 단합력, 위기관리 능력!

기업 인사담당자 절반이 '불황기 기업이 필요로 하는 인재상이 평소와 다르다'고 답했다. 이들 인사담당자들은 평소에는 채용 시 지원자의 '성실성'을 가장 높이 평가하나, 불황기에는 지원자의 '긍정성'을 가장 높이 평가하고 있는 것으로 나타났다.

잡코리아는 지난 13일부터 24일까지 국내기업 578개사의 인사담당자를 대상으로 '불황기 기업이 필요로 하는 인재상'에 대해 설문조사를 진행한 결과 이같이 나타났다고 26일 밝혔다. 먼저 '불황기 기업이 필요로 하는 인재상은 평소와 다를까?'라는 질문에 설문에 참여한 기업 중 49.7%가 '다르다'고 답했다. 이러한 답변은 대기업 인사담당자 중에는 47.3%, 중견기업 인사담당자 중에는 62.4%, 중소기업 인사담당자 중에는 47.2%에 달해, 기업규모별로도 각 과반수 정도가 불황기에 필요로 하는 인재상이 평소와 다르다고 답했다.

(자료 계속)

불황기 기업이 가장 필요로 하는 인재는 '긍정적인 인재'인 것으로 나타났다. 국내 기업 인재상에 등장하는 공통적인 키워드 24개를 보기 문항으로 '불황기 신입 및 경력직 채용 시 중요하게 평가하는 요건'에 대해 조사한 결과, '긍정성'을 꼽은 인사담당자가 48.8%(복수선택 응답률)로 가장 많았다. 이어 △성실성(46.3%) △끈기(44.9%) △책임감(30.3%) △적극성(22.3%) △도덕성(20.6%) △리더십(19.5%) △실행력(18.8%) 순으로 높이 평가하는 기업이 많았다. 반면 평소 직원을 채용할 때에는 지원자의 '성실성'을 가장 중요하게 평가하는 기업이 많았다. 이번 조사에 참여한 전체 기업을 대상으로 '평소 신입 및 경력직 채용 시 중요하게 평가하던 요건'에 대해 복수응답으로 조사한 결과, '성실성'을 꼽은 기업이 52.4%(응답률)로 가장 많았다. 그리고 이어 △긍정성(47.9%) △끈기(40.1%) △책임감(36.2%) △도덕성(25.1%) △적극성(20.9%) 순으로 중요하게 본다는 인사담당자가 많았다.

잡코리아는 "불황기에는 신입 및 경력직 채용 시 직원들의 단합을 도모하고 위기관리 능력이 높은 인재가 각광받는 경향이 있다"면서 "이에 불황기에 직원을 채용할 때 긍정성이나 끈기, 실행력 등의 요건을 중요하게 평가하는 기업들이 많은 것으로 보인다"고 풀이했다.

실제 불황기 신입 및 경력직 채용 시 지원자의 '긍정성'을 높이 평가한다고 답한 기업이 48.8%로 평소(47.9%) 대비 0.6%포인트 더 높았고, 지원자의 '끈기'를 높이 평가한다고 답한 기업도 44.9%로 평소(40.1%) 보다 4.8%포인트 더 높았다.

이 외에도 △적극성(20.9%→22.3%)이나 △리더십(17.3%→19.5%), △실행력(15.1%→18.8%) △도전적인(12.8%→17.4%) 역량의 지원자를 불황기에 더 높이 평가하는 기업이 소폭 많았다.

출처 : 브릿지경제. 2020.05.26.
http://www.viva100.com/main/view.php?key=20200526010007131

 직업생활에 필요한 리더십(leadership)에 대한 이야기는 익숙히 접해 보았어도 팔로워십(followership)에 대한 이야기는 많이 접해 보지 못하였을 것이다. 리더십과 팔로워십에는 무슨 차이가 있는지 알아보자.

팔로워십의 의미

 사례

[지도 방법]
학습자들이 사례를 읽고, 팔로워십의 의미가 무엇인지 생각해 보도록 한다. 특히 리더십이 중요한 만큼 팔로워십도 중요함을 강조하면서, 리더십과 팔로워십의 차이에 대해서 생각해 볼 수 있는 시간을 제공한다. 또한, 사례를 읽고 스스로 팔로워십의 의미와 자신의 팔로워십 유형을 생각할 수 있는 분위기를 조성하도록 한다.

기업팀장과 팀원의 아침회의

팀장: 좋은 아침입니다. 어제 말씀드린 보고서는 완성이 됐나요?
팀원: 네, 아직 완성은 못했습니다. 솔직히 시간이 많이 부족했습니다.
팀장: 보고서를 준비하는 데 어려운 점은 없었나요?
팀원: 팀장님이 지시해 주신 대로 하니 그다지 큰 어려움은 없었습니다만, 주신 자료 중에 잘못된 부분이 있었습니다.

팀장: 저도 몰랐던 부분이네요. 잘못된 점이 무엇인지 말씀해 주시겠습니까?
팀원: 주신 자료 중에 일부 통계자료가 정확하지 않았습니다. 특히, 전년도 자사의 여성용품 매출액과 브랜드 선호도의 자료에서 잘못된 부분이 있었습니다.
팀장: 아, 그렇습니까? L씨가 보완해 주실 수 있겠습니까?
팀원: 네, 그렇게 하도록 하겠습니다. 대신 기한을 주말까지 연장해 주시면 안 되겠습니까?
팀장: 네, 그러도록 합시다. 부족한 부분까지 세심하게 처리해 주어서 고맙습니다. 그럼 수고하십시오.

[사례 해설]
이 사례는 팔로워십(followership)의 의미에 대한 사례이다. 팔로워십이란, 팀원이 구성원으로서 자신의 역할을 충실하게, 잘 수행해 내는 것을 의미한다. 사례에서 팀원은 팀장의 팔로워(follower)로서 원만한 관계를 유지하고 있다. 리더를 따르는 사람은 일반적으로 헌신, 전문성, 용기, 정직하고 현명한 평가 능력이 있어야 하며, 리더의 결점이 보일 때에는 이를 올바르게 지적하되 덮어주는 아량이 있어야 한다. 사례에서 팀원은 이러한 팔로워의 올바른 자세를 잘 보여 주고 있다.

활동

> **[지도 방법]**
> 이 활동은 학습자들이 스스로 자신들이 생각하는 팔로워십이란 무엇인지 적어 보게 하고, 자신의 팔로워십 유형을 파악할 수 있게 한다. 먼저 학습자들이 자신의 직업생활을 통해서 팔로워십이란 무엇인지 각자의 생각을 적어 보도록 한다. 그리고 체크리스트를 이용해 자신의 팔로워십 유형을 작성해 보는 시간을 제공한다. 특히 체크리스트를 작성할 때에는 바람직한 모습이 아닌 현재의 자신의 모습을 생각하면서 작성토록 해야 한다. 체크리스트 작성 후 진단 결과를 제공하여, 자신의 유형을 확인할 수 있도록 한다. 마지막으로 각각의 유형이 의미하는 바를 알려준다.

흔히 조직이 성공하기 위해서는 리더십(leadership)을 잘 발휘하는 리더와 팔로워십(followership)을 잘 발휘하는 우수한 팔로워가 있어야 한다고 한다. 리더십과 팔로워십은 분명히 서로 다른 개념이다. 그러나 두 개념은 서로 독립적인 관계가 아니라 상호 보완적이며 필수적인 관계이다. 그렇다면 팔로워십이란 무엇인가?

💡 팔로워십이란 무엇인지 각자의 생각을 적어 보자.

| |
| |

💡 그렇다면 리더십 유형이 아닌 팔로워로서의 자신의 팔로워십에 대해 생각해 보자. 다음의 질문에 대해 자신에게 해당한다고 생각하는 것에 체크해 보자.

질 문	거의 드물다 〈--------〉 거의 언제나
1. 당신의 일은 자신에게 중요한 그 어떤 사회적 목표나 개인적인 꿈을 성취하는 데 도움이 되는가?	1 2 3 4 5 6 7
2. 당신 개인의 업무목표가 조직의 최고목표와 일치하는가?	1 2 3 4 5 6 7
3. 당신은 최선의 아이디어와 능력을 일과 조직에 쏟아 붓고	1 2 3 4 5 6 7

F-2-가. 팔로워십의 의미

질 문	거의 드물다 〈--------〉 거의 언제나						
지극히 헌신적이며 정력적으로 일하는가?							
4. 당신의 열의가 확산되어 동료 직원들을 활기차게 만드는가?	1	2	3	4	5	6	7
5. 리더의 지시를 기다리거나, 떠맡지 않고 조직에 가장 중요한 목표를 성취하기 위해 무엇이 중요한 활동인지를 자신이 판단하는가?	1	2	3	4	5	6	7
6. 리더와 조직에 더욱 가치 있는 사람이 되기 위해서 당신은 독특한 능력을 적극적으로 발휘하는가?	1	2	3	4	5	6	7
7. 새로운 일이나 임무가 시작되었을 때, 리더가 중요한 의미라고 생각하는 부분에서 곧바로 성과를 내는가?	1	2	3	4	5	6	7
8. 당신이 부족한 점을 채울 것이라는 점을 믿고, 리더는 어려운 임무를 당신에게 맡기는가?	1	2	3	4	5	6	7
9. 당신은 자신의 업무범위를 벗어나는 일도 찾아내서 성공적으로 완수하기 위해 솔선수범하는가?	1	2	3	4	5	6	7
10. 리더의 부재 시에도 맡은 일보다 많은 일을 하고 능력껏 일하는가?	1	2	3	4	5	6	7
11. 리더나 조직의 목표에 크게 공헌할 수 있는 새로운 아이디어를 스스로 고안해서 적극적으로 제기하는가?	1	2	3	4	5	6	7
12. 리더에게 의존해서 어려운 문제를 해결하기 보다는 스스로 해결하려 하는가?	1	2	3	4	5	6	7
13. 자신은 아무런 인정을 받지 못할 때라도 다른 동료들이 좋은 평가를 받도록 돕는가?	1	2	3	4	5	6	7
14. 필요한 경우 일부러 반대의견을 말해서라도 리더와 팀이 실패의 위험성을 볼 수 있도록 돕는가?	1	2	3	4	5	6	7
15. 리더의 요구나 목표 제약을 이해하고 그것을 충족시키기 위해서 열심히 일하는가?	1	2	3	4	5	6	7
16. 자신에 대한 평가를 미루기보다는 장점과 약점을 적극적이고 솔직하게 인정하는가?	1	2	3	4	5	6	7
17. 단지 지시 받은 일을 하는 것에서 벗어나서 리더가 내린 판단이 얼마나 현명한가를 스스로 평가해 보는 습관이 있는가?	1	2	3	4	5	6	7
18. 리더가 전문분야나 개인적인 흥미에 정면으로 배치되는 일을 줄 때 'No'라고 하는가?	1	2	3	4	5	6	7
19. 리더나 팀의 기준이 아니라 자신의 윤리적 기준에 따라 행동하는가?	1	2	3	4	5	6	7
20. 당신이 속한 집단과 의견이 다르거나 리더로부터 질책을 당한다고 해도 당신은 중요한 이슈에 대해서 자기견해를 주장하는가?	1	2	3	4	5	6	7

팔로워십 진단 결과를 작성해 보고, 팔로워십 유형을 확인해 보자.

A	점수	B	점수
1		2	
5		3	
11		4	
12		6	
14		7	
16		8	
17		9	
18		10	
19		13	
20		15	
총점		총점	

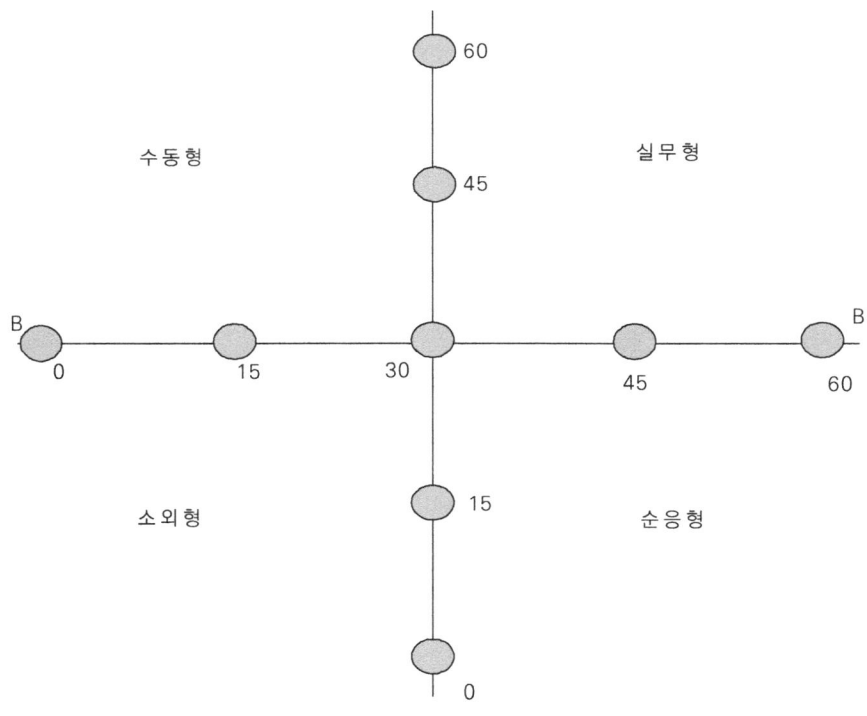

F-2-가. 팔로워십의 의미

[활동 해설]

팔로워십이란 조직의 구성원으로서의 자격과 지위를 갖는 것으로 훌륭한 팔로워십은 자신의 역할을 충실하게, 잘 수행하는 것이다. 리더십과 팔로워십의 두 개념은 상호 보완적이며 필수적인 관계임을 강조하는 것이 중요하다.

한편, 팔로워십 유형을 나누는 두 가지 축은 마인드를 나타내는 독립적 사고 축(A축)과 행동을 나타내는 적극적 실천(B축)으로 나눌 수 있다. 위 그래프에서 위치를 확인하여 수동형, 실무형, 소외형, 순응형 등의 팔로워십 유형을 확인할 수 있다. 일반적인 조직에서 각 유형별 분포는 소외형이 15~25%, 순응형이 20~30%, 실무형이 25~35%, 수동형이 5~10% 등이다. 이러한 팔로워십 유형에 대해서 자아상, 동료/리더의 시각, 조직에 대한 자신의 느낌이란 세 가지 측면에서 차이점을 위주로 설명해 주는 것이 매우 중요하다.

내용

> **[지도 방법]**
> 학습자들이 팔로워십의 의미가 무엇인지, 자신의 팔로워십 유형은 무엇인지, 각각의 팔로워십 유형의 특성은 무엇인지에 대해서 학습할 수 있도록 하는 주요 내용을 제시하고, 사례와 활동 간의 연관성을 찾도록 한다.

리더십(leadership)과 팔로워십(followership)의 두 개념은 상호 보완적이며 필수적인 관계이다. 좋은 리더가 나쁜 팔로워를 만나면 좋은 리더가 나빠질 수 있고, 나쁜 리더가 좋은 팔로워를 만나면 나쁜 리더가 좋은 리더가 될 수도 있음을 상기하여야 한다. 결국 어떠한 리더를 만나더라도 팔로워로서 해야 할 역할을 정확히 인식하는 것이 중요하다.

리더십과 팔로워십은 서로 다른 개념이며 각각의 역할을 가지고 있다. 그러나 두 개념은 독립적인 관계가 아니라 상호 보완적이며 필수적인 존재이다. 두 역할 모두가 성공을 거둘 수도 있고, 실패할 수도 있다. 조직이 성공을 거두려면 양자가 최고의 기량을 발휘해야만 한다. 즉, 리더십(leadership)을 잘 발휘하는 탁월한 리더와 팔로워십(followership)을 잘 발휘하는 탁월한 팔로워, 둘 다 있어야만 한다.

팔로워십(followership)이란 리더십과 비교개념으로 사용된다. 리더십이 상사가 부하에게 영향력을 행사하는 과정이라면 팔로워십(followership)은 부하로서 바람직한 특성과 행동을 의미한다. 일반적으로 건강한 부하는 상사가 바람직한 리더십을 발휘하도록 유도하고 지원해야 하며, 상사에 대한 동의뿐만 아니라 건전한 비판도 함께 해야 한다. 그렇기 때문에 팔로워들은 헌신, 전문성, 용기, 정직하고 현명한 평가 능력이 있어야 한다. 팔로워들은 융화력이 있어야 하고 겸손함이 있어야 하며, 리더의 결점이 보일 때도 덮어 주는 아량이 있어야 한다. 팔로워십(followership)을 제대로 갖춘 집단만이 어떤 일을 성취해 낼 수 있다. 미국에서 실시한 여론조사에서 리더에게 가장 원하는 것은 정직, 비전과 강화력, 추진력인 데 비하여, 팔로워들에게 가장 원하는 것은 정직, 나의 부족함을 보충해 주는 포용력, 성실, 협동심 등이었다.

한편 팔로워십 유형을 나누는 두 가지 축은 마인드를 나타내는 독립적 사고 축과 행동을 나타내는 적극적 실천 축이다. 이에 따라 팔로워십 유형은 수동형, 실무형, 소외형, 순응형 등으로 구분할 수 있으며, 각각의 특징은 다음과 같다.

구분	소외형	순응형	실무형	수동형	주도형
자아상	• 자립적인 사람 • 일부러 반대의견 제시 • 조직의 양심	• 기쁜 마음으로 과업수행 • 팀플레이를 함 • 리더나 조직을 믿고 헌신함	• 조직의 운영 방침에 민감 • 사건을 균형 잡힌 시각으로 봄 • 규정과 규칙에 따라 행동함	• 판단, 사고를 리더에 의존 • 지시가 있어야 행동	이상적인 유형
동료/리더의 시각	• 냉소적 • 부정적 • 고집이 셈	• 아이디어가 없음 • 인기 없는 일은 하지 않음 • 조직을 위해 자신과 가족의 요구를 양보함	• 개인의 이익을 극대화하기 위한 흥정에 능함 • 적당한 열의와 평범한 수완으로 업무 수행	• 하는 일이 없음 • 제 몫을 하지 못함 • 업무 수행에는 감독이 반드시 필요	
조직에 대한 자신의 느낌	• 자신을 인정 안 해줌 • 적절한 보상이 없음 • 불공정하고 문제가 있음	• 기존 질서를 따르는 것이 중요 • 리더의 의견을 거스르는 것은 어려운 일 • 획일적인 태도 행동에 익숙함	• 규정 준수를 강조 • 명령과 계획의 빈번한 변경 • 리더와 부하 간의 비인간적 풍토	• 조직이 나의 아이디어를 원치 않음 • 노력과 공헌을 해도 아무 소용이 없음 • 리더는 항상 자기 마음대로 함	

소외형, 순응형, 실무형, 수동형 이외에 별도로 주도형이 우리가 추구하는 유형이라 할 수 있다. 주도형은 모범형이라고도 하며, 주도형 팔로워란 '조직과 팀의 목적달성을 위해 독립적/혁신적으로 사고하고, 역할을 적극적으로 실천하는 사람이다.

이 주도형 팔로워가 가지는 기본 특성을 두 가지 측면에서 설명하면, 첫째 독립적/혁신적 사고 측면에서 스스로 생각하고 건설적 비판을 하며, 자기 나름의 개성이 있고 혁신적이며 창조적인 특성을 가진다. 둘째 적극적 참여와 실천 측면에서 솔선수범하고 주인의식을 가지고 있으며, 적극적으로 참여하고 자발적이며, 기대이상의 성과를 내려고 노력하는 특성을 가진다.

'썩은 사과의 법칙'이 있다. 만일 당신이 팀 리더로서 팀에 팀워크를 무너뜨리는 썩은 사과가 있다고 생각하면 문제 상황에 대하여 먼저 그와 대화를 나누어라(당신의 생각이 잘못일 수 있기 때문이다). 그런 후에 그 팀원에게 문제가 있는 것으로 판명되면 그에게 기대하는 것을 분명히 전하고 스스로 변화될 수 있는 기회를 주라. 그 다음에 그로 하여금 책임감을 갖게 하라. 만약 그가 변한다면 그것은 팀을 위한 승리이다. 그러나 그가 끝내 변하지 않는다면 그를 팀에서 내보내라. 한 사람의 썩은 사과가 팀 전체를 망칠 수 있기 때문이다(채천석, 2003).

팀워크 촉진 방법

직업생활에서 팀워크를 촉진시키기 위해서는 여러 가지 조치를 취할 필요성이 있다. 아래에 제시된 사례를 통해 팀워크를 촉진시키는 방법에는 어떠한 것들이 있는지 생각해 보자.

 사례

[지도 방법]
학습자들이 사례를 읽고, 팀워크를 촉진시키는 여러 가지 방법에 대해서 생각해 보도록 한다. 팀워크를 촉진시키기 위해서는 특별한 여러 가지 조치를 취할 필요성이 있음을 알고, 팀워크를 촉진시키는 방법에는 어떠한 것들이 있는지 각자 생각할 수 있는 분위기를 조성하도록 한다.

〈사례 A〉

J는 견적서와 주문양식 건이 어떻게 진행되고 있는지를 묻기도 하면서 팀원들의 행동을 주의 깊게 관찰하였다. S와 N은 곧바로 견적서를 작성하기 시작했다. J는 그들의 업무 진행을 주기적으로 살펴보면서, 그들이 부품을 분류하고 가격순으로 목록을 작성하는 업무과제를 기대 이상으로 잘 하고 있는 것에 대해 기쁨을 감추지 못했다. 또한, S와 N은 부품 하나하나를 조사하여 영업마케팅팀을 위해 간단한 설명을 붙여 놓았다. J는 그들의 도움에 대해 감사 인사를 전했다.

〈사례 B〉

팀 회의에서 견적서에 대해 업무 진행 사항을 공유하였다. 회의에서는 복사된 명세서를 함께 보며, 다른 팀원들이 추가한 사항들을 주의 깊게 검토하였다. 팀원들은 견적서 때문에 일을 쉽게 할 수 있게 되었다는 점에 동의하였다. J는 M과 A에게 "주문양식은 어떻게 되어가고 있습니까?"하고 물었다. M은 A를 가리키면서 "A에게 물어봐

(사례 계속)

야 할 것입니다. A는 자기가 맡은 일을 제대로 못하고 있습니다." 이에 A가 답변하였다. "그것은 사실이 아닙니다." J는 즉각 두 사람의 말을 가로막았다. "회의가 끝난 후에 함께 이야기해 보는 게 어떻겠소." 회의가 끝난 후 J는 두 사람에게 의견 조사지를 건네준 후, 의견 조사지를 취합하여 구체적인 문제점을 발견하였다.

〈사례 C〉

팀원들은 각자의 강점과 약점을 정리해 볼 필요가 있다고 결정했다. 팀원을 2인 1조로 짝지은 후, 어느 한 영역에서 강점을 가진 구성원은 그 영역에서 취약한 다른 구성원과 짝을 이루었다. 이따금씩 짝을 바꿈으로써 팀원들은 교차훈련을 주고받을 수 있었다. 이러한 결정은 모두에게 이익을 주었으며, 모든 팀원은 결정을 실행하는 데 적극적으로 동참하였다.

[사례 해설]

이 사례는 다양한 팀워크 촉진 방법에 대한 사례이다. 사례 A는 '동료 피드백을 장려하는 것'과 관련된 사례이다. 사례를 통해 행동과 수행을 관찰하여 즉각적인 피드백을 제공하며, 뛰어난 수행에 대해서 인정해 주는 것이 팀워크를 촉진시키는 한 가지 방법임을 알 수 있다. 사례 B는 '갈등을 해결하는 것'과 관련된 사례이다. 사례를 통해 팀원 사이의 갈등을 발견하게 되면, 제3자로서 즉각 개입하여 중재하는 것이 중요하며, 필요에 따라 의견 조사지를 활용하는 것이 큰 도움이 될 수도 있음을 보여 준다. 사례 C는 '참여적으로 의사를 결정하는 것'과 관련된 사례로서, 팀원의 동참을 이끌어 내어 의사결정을 할 수 있는 한 가지 방법을 보여 주고 있다.

활동

[지도 방법]

이 활동은 팀워크를 향상시킬 수 있는 방법인 '건설적인 피드백 제공하기'와 '갈등 해결하기'를 스스로 수행해 볼 수 있는 활동이다. 학습자들이 직업생활을 고려하여 주위에 있는 직장 동료를 한 명 선정하여 건설적인 피드백을 줄 수 있도록 한다. 먼저 직장 동료의 수행에 대해서 관찰한 내용을 작성하도록 하고, 어떠한 피드백을 줄 것인지를 객관적으로 작성하게 한다. 또한, 직업생활에서 일어날 수 있는 갈등과 관련된 사례를 제공하고, 각자 어떻게 해결하면 좋을지에 대한 생각을 자유롭게 작성하도록 한다. 학습자들이 활동지를 모두 작성한 후, 활동과 관련된 내용을 지도한다.

최근에 공동 작업을 끝냈거나 현재 작업을 수행 중인 팀원 중 한 명을 선정하여 건설적인 피드백을 해주자.

---

1. 이 팀원의 수행에 관해 관찰한 내용을 열거해 보라.

   _____
   _____
   _____
   _____
   _____
   _____

2. 이 팀원에 대한 '피드백 요약'을 준비하여 말할 내용을 객관적으로 열거해 보라.

   _____
   _____
   _____
   _____
   _____
   _____

F-2-가. 팀워크 촉진 방법

다음의 이야기를 읽고 갈등 해결 방법에 대하여 생각해 보자.

여러분의 동료 팀원인 B가 당신 자리로 와서 느닷없이 다른 팀원인 C에 대해 불평을 터뜨리기 시작했다. "더 이상 참을 수 없어! C는 아무것도 제대로 해내지를 못해. 그에게 보고서를 요청했는데, 엉뚱한 것을 건네주었단 말이야! 그리고 나서는 원래 자료를 요청하자 뻔뻔스럽게도 잃어버렸다고 말하는 것이 아니겠어! 어찌해야 할지 모르겠어."

※ B와 C 사이의 갈등을 어떻게 해결할 것인지 작성해 보자.

[활동 해설]

팀 목표를 달성하도록 팀원을 고무시키는 환경 조성을 위해서는 동료 피드백이 필요하다. 팀원의 업무 수행 방법을 개별적으로 관찰하지 않고는 피드백을 할 수 없다. 학습자가 감정적이 아니라 객관적으로 팀원의 업무 수행 방법을 관찰하였는지를 확인할 필요가 있다. 또한, 구체적인 증거에 따라 올바른 피드백을 제공하는지를 확인하여야 한다.

성공적으로 운영되는 팀은 갈등 해결에 능숙하다. 팀원 사이의 갈등을 발견하게 되면, 개입하여 중재하는 것이 필요하며, B가 꼭 해야만 하는 행동과 C가 꼭 해야만 하는 행동에 대해서 학습자가 생각하고 있는지를 확인하는 것이 필요하다.

내용

[지도 방법]
학습자들이 팀워크를 촉진시키는 다양한 방법에는 어떠한 것들이 있는지에 대해서 학습할 수 있도록 하는 주요 내용을 제시하고, 사례와 활동 간의 연관성을 찾도록 한다.

팀이 비효율적이고 문제가 있을 때 나타나는 징후들을 살펴보면 다음과 같다.

1. 생산성 하락
2. 불평불만 증가
3. 팀원들 간의 적대감이나 갈등
4. 할당된 임무와 관계에 대한 혼동
5. 결정에 대한 오해나 결정 불이행
6. 냉담과 전반적인 관심 부족
7. 제안과 혁신 또는 효율적인 문제해결의 부재
8. 비효율적인 회의
9. 리더에 대한 높은 의존도

팀에 이러한 징후가 나타나면 팀워크 강화 노력이 필요하다. 대부분의 문제는 팀원과 리더 사이의 갈등 또는 팀원들 사이의 알력 때문이다. 팀 리더와의 갈등은 종종 과잉동조와 리더에 대한 저항, 독재적인 리더십 스타일, 신뢰의 결여로 이어진다. 또 팀원들 사이의 문제는 종종 언쟁, 신뢰의 결여, 성격적 갈등, 의견 불일치, 파벌, 과업 미완성 등으로 이어진다.

팀에 문제가 생기면 팀원들이 팀 프로세스 때문이라고 인정하지 않고 개인들을 탓하려 들 수도 있다. 문제의 탓을 개인에게 돌리는 좋은 예가 바로 갈등과 혼동이다. 팀 내의 갈등과 혼동은 분명히 팀의 책임이며, 팀워크 강화 및 촉진을 통해 해결해야 할 문제인 것이다(정명진, 2010).

팀을 보다 생산적으로 만들기 위해서는 많은 노력이 필요하다. 특히 팀워크를 촉진시키는 것은 매우 중요한데, 이를 위해서는 동료 피드백 장려하기, 갈등 해결하기, 창의력 조성을 위해 협력하기, 참여적으로 의사결정하기 등이 필요하다. 자세한 내용은 다음과 같다.

◈ 동료 피드백 장려하기

팀 목표를 달성하도록 팀원을 고무시키는 환경을 조성하기 위해서는 동료 피드백이 필요하다. 긍정이든 부정이든, 피드백이 없다면 팀원들은 개선을 이루거나 탁월한 성과를 내고자 하는 노력을 게을리하게 된다.

다음은 동료 피드백을 장려하는 데 도움이 되는 4단계 과정이다.

```
1단계 : 간단하고 분명한 목표와 우선순위를 설정하라
2단계 : 행동과 수행을 관찰하라
3단계 : 즉각적인 피드백을 제공하라
4단계 : 뛰어난 수행성과에 대해 인정해 줘라
```

◈ 갈등을 해결하기

성공적으로 운영되는 팀은 갈등 해결에 능숙하다. 효과적인 갈등 관리로 혼란과 내분을 방지하고 팀 진전 과정에서의 방해요소를 미리 없앤다. 활력에 찬 팀은 의견의 불일치를 바로 바로 해소하는 방법을 배우게 된다. 그렇지 않으면, 갈등은 시간이 지남에 따라 증폭되고, 팀 풍토는 허약해질 것이다.

팀원 사이의 갈등을 발견하게 되면, 제3자로서 재빨리 개입하여 중재하라. 갈등을 일으키고 있는 구성원과의 비공개적인 미팅을 통해, 그들 각자에게 다음과 같은 질문을 하고 의견을 교환하면 갈등 해결에 매우 도움이 될 것이다.

```
1) 내가 보기에 상대방이 꼭 해야 하는 행동
2) 상대방이 보기에 내가 꼭 해야 하는 행동
3) 내가 보기에 내가 꼭 해야 하는 행동
4) 상대방이 보기에 스스로 꼭 해야 하는 행동
```

◈ 창의력 조성을 위해 협력하기

성공적인 팀워크를 위해서는 언제나 협력이 필요하다. 모든 구성원의 잠재력을 최대로 활용하는 팀은 협력의 중요성을 잘 이해하고 있다. 모든 팀원이 협력하여 일할 때 창의적인 아이디어가 넘쳐나며 이에 따라 혁신적인 발전도 이루어진다.

아이디어에 대해 아무런 제약을 가하지 않는 환경을 조성할 때 협력적인 분위기를 조성할 수 있다. 이러한 분위기 아래서는 다른 관점을 가진 다양한 아이디어들이 자유롭게 제시되고, 어느 누구도 이의를 제기하지 않는다. 이렇게 열린 분위기에서는 팀원 모두가 적극적이고 활기찬 모습을 갖게 된다.

협력을 장려하는 환경을 조성하기 위한 몇 가지 비결을 살펴보면 다음과 같다.

1) 팀원의 말에 흥미를 가지고 대하라
2) 상식에서 벗어난 아이디어에 대해 비판하지 말라
3) 모든 아이디어를 기록하라
4) 아이디어를 개발하도록 팀원을 고무시켜라
5) 많은 양의 아이디어를 요구하라
6) 침묵을 지키는 것을 존중하라
7) 관점을 바꿔 보라
8) 일상적인 일에서 벗어나 보라

◈ 참여적으로 의사결정하기

의사결정을 내릴 수 있다는 것은 임파워먼트(empowerment)를 발휘한다는 것을 의미한다. '임파워먼트(empowerment)'는 '주다'라는 의미를 가진 'em'과 권력이란 의미의 'power'가 결합된 용어로, 일반적으로 리더가 업무 수행에 필요한 책임과 권한, 자원에 대한 통제력 등을 부하에게 배분 또는 공유하는 과정이다. 조직이 점차 수평화되고 중간관리층이 줄어들면서 임파워먼트의 중요성은 커지고 있다. 그렇기 때문에 참여적 의사결정은 개인에게 책임과 권한을 부여하고, 더 나아가 자신 있게 미래를 만들어 갈 수 있는 기회를 제공한다. 어떠한 팀에서든 의사결정은 내려지게 마련이며, 의사결정을 내리는 사람은 팀을 통제한다. 훌륭한 의사결정을 내리기 위해서는 2가지 고려할 측면이 있다.

• **의사결정의 질**

양질의 의사결정은 올바른 추론에 의해 뒷받침되는 논리적인 결정이다. 양질의 의사결정을 내리기 위해서는 다음의 질문들을 고려해야 한다.

- 쟁점의 모든 측면을 다루었는가?
- 모든 팀원과 협의하였는가?
- 추가 정보나 조언을 얻기 위해 팀 외부와 협의할 필요가 있는가?

- **구성원 동참**

모든 팀원의 지지를 받는 결정은 팀원의 동참을 이끌어 낸다. 의사결정에 대해 팀원들의 찬동을 얻기 위해서는 다음의 질문을 고려해야 한다.
- 모든 팀원이 의사결정에 동의하는가?
- 팀원들은 의사결정을 실행함에 있어서 각자의 역할을 이해하고 있는가?
- 팀원들은 의사결정을 열정적으로 실행하고자 하는가?

학습정리

[활용 방법]

학습자들이 '학습모듈 F-2-가. 팀워크능력'에서 학습한 내용을 스스로 정리할 시간을 준다. 일정 시간이 지난 후 이해가 되지 않는 부분은 질문을 하도록 유도하고, 핵심적인 내용을 다시 한번 정리하여 준다.

1. 팀워크란 팀구성원이 공동의 목적을 달성하기 위하여 상호관계성을 가지고 협력하여 업무를 수행하는 것을 말한다.

2. 효과적인 팀은 ① 팀의 사명과 목표를 명확하게 기술 ②창조적인 운영 ③ 결과에 초점을 맞춤 ④ 역할과 책임의 명료화 ⑤ 조직화 ⑥ 개인의 강점 활용 ⑦ 리더십 역량을 공유 ⑧ 팀 풍토를 발전 ⑨ 의견의 불일치를 건설적으로 해결 ⑩ 개방적으로 의사소통 ⑪ 객관적인 의사소통 ⑫ 팀 자체의 효과성 평가 등의 특성을 지닌다.

3. 팔로워십(followership)은 부하로서 바람직한 특성과 행동을 의미한다. 일반적으로 건강한 부하는 상사가 바람직한 리더십을 발휘하도록 유도하고 지원해야 하며, 상사에 대한 동의뿐만 아니라 건전한 비판도 함께 해야 한다. 그렇기 때문에 팔로워들은 헌신, 전문성, 용기, 정직하고 현명한 평가 능력이 있어야 한다.

4. 팀워크를 촉진시키기 위해서는 ① 동료 피드백 장려하기 ② 갈등을 해결하기 ③ 창의력 조성을 위해 협력하기 ④ 참여적으로 의사결정하기 등의 요소가 필요하다.

학습모듈 F-2-나
리더십능력 지도

리더십이 신비롭고 무언가 특별한 것이라는 생각은 잘못된 것이다. 리더십은 카리스마와는 아무 관련이 없으며, 타고난 성격과도 무관하다. 또한 선택받은 소수만이 가질 수 있는 특권도 아니다. 조직을 둘러싸고 있는 다양한 기능들을 효율적으로 다루기 위한 것이 관리라면, 리더십은 변화에 대처하는 것이다. 특히 최근과 같이 급변하는 환경에서는 리더십능력의 함양은 필수적이며, 이에 초점을 맞추어 지도해야 한다.

지도계획

- **학습모듈 F-2-나 지도계획**

학습주제	리더십능력
학습목표	직업생활 중 조직구성원들의 업무향상에 도움을 주며 동기화시킬 수 있고, 조직의 목표 및 비전을 제시할 수 있는 능력을 기를 수 있다.
지도시간	2~3시간
교수자료	학습자용 가이드북, 교수자용 가이드북, 프레젠테이션 자료, 신문기사, 인터넷

- **학습활동별 지도계획**

학습활동	소요시간	주요내용	유의점
B1 리더십의 의미 및 유형	40-60분	리더십의 정의 리더십의 발휘 구도 리더와 관리자의 차이 리더십 유형: 독재자, 민주주의, 파트너십, 변혁적	사례 및 활동을 통한 리더십의 의미 파악 사례 비교를 통한 리더십의 유형 구분
B2 리더십 역량 강화: 동기부여 및 임파워먼트	40-60분	동기부여의 중요성 동기부여 방법 활용	사례를 통한 동기부여의 중요성 파악, 활동을 통한 동기부여 방법 논의
A1 변화관리 방법	20-30분	변화를 이해하기 변화를 인식하기 변화를 수용하기	사례 및 활동을 통한 변화관리의 의미 및 중요성 파악

학습활동 지도

리더십의 의미 및 유형

우리 주변의 많은 상황들을 리더십의 시각으로 본다면 리더십을 얼마든지 발견할 수 있다. 간단한 예를 통해 우리는 아이디어를 내고 다른 사람을 설득하고, 일을 추진하여 성과로 만들어 가는 과정 속에서 여러 가지 리더십 역량이 필요한 것을 알 수 있다. 그렇다면 리더십의 의미가 무엇인지 생각해 보자.

 사례

[지도 방법]

학습자들이 〈사례 1〉을 읽고, 리더십의 의미가 무엇인지 생각해 보도록 한다. 이 때 우리가 새로운 시각을 가진다면 주위에서 얼마든지 리더십을 발견할 수 있지만, 이를 인식하지 못하는 경우가 많다는 것을 강조한다. 또한 사례를 읽고, 스스로 리더십의 의미를 생각할 수 있는 분위기를 조성하도록 한다.

학습자들이 〈사례 2〉를 읽고 리더십의 다양한 유형에 대해서 생각해 보도록 한다. 직업생활에서 어느 한 가지 유형의 리더십을 고수하기보다는 다양한 형태의 리더십을 유연하게 적용하는 것이 필요함을 강조하면서, 학습자 스스로 자신의 리더십 유형을 생각해 볼 수 있는 분위기를 조성하도록 한다.

사례1: 롯데리아의 신입사원

어느 날 롯데리아의 신입사원이 △△ 검색 사이트에서 롯데리아를 검색했다가 각 영업점이 두서없이 나열되어 나타나는 것을 발견하였다. △△ 검색 사이트는 업계 1위로, 많은 사람들이 주요 정보 수집 수단으로 활용을 하는데, 롯데리아로서는 △△ 검색 사이트를 통한 좋은 광고 기회를 놓치게 되는 셈이었다.

신입사원은 자기 상사와 홍보팀에 이 같은 상황을 이야기하고 △△ 검색 사이트의

(사례 계속)

검색 결과를 보다 유용하게 바꿀 필요성을 주장했다. 그 주장이 유용하다고 생각한 홍보팀은 신입사원에게 업무 처리를 의뢰하였다. 신입사원은 그 즉시 △△ 검색 사이트에서 롯데리아를 검색하면 롯데리아에 관련된 정보들이 체계적으로 검색될 수 있도록 조치했다.

그 결과 많은 고객들이 검색 사이트를 통해서 롯데리아의 여러 정보를 얻을 수 있었고, 그 덕에 매출이 상당히 오르기도 했다. 그 후 롯데리아는 인터넷의 위력을 실감하고 이를 더욱 전략적으로 활용할 수 있는 방안을 구상하고 있다.

사례2: 다양한 유형의 리더십

〈기획부장 K씨〉

기획부장 K씨는 부하직원들의 생각을 듣기보다는 자신의 생각에 도전이나 반항 없이 순응하도록 요구한다. 이에 따라 부하직원들은 자신에게 주어진 업무만을 묵묵히 수행하며, 조직에 대한 정보를 잘 알지 못하고 있다.

〈팀장 L씨〉

팀장 L씨는 아침마다 직원회의를 열고 그 날의 협의 내용에 대한 개요자료를 부하직원들에게 나누어 준다. 그러면 직원들은 자신의 의견을 제시하거나 완전히 새로운 안을 제시할 수도 있다. L은 이러한 부하직원들의 생각에 동의하거나 거부할 권한을 가진다.

〈팀장 J씨〉

팀장 J씨는 스스로가 팀원 중 한 명일뿐이라는 생각을 가지고 있다. 이에 따라 자신이 다른 팀원들보다 더 비중 있다고 생각하지 않으며, 모든 팀원들은 팀의 성과 및 결과에 대한 책임을 공유하고 있다.

〈팀장 P씨〉

팀장 P씨는 그동안 자신의 팀이 유지해 온 업무 수행 상태에 문제가 있다고 생각하고 있었다. 이를 개선하기 위해 그는 팀에 명확한 비전을 제시하고, 팀원들로 하여금 업무에 몰두할 수 있도록 격려하였다.

[사례 해설]

〈사례 1〉은 리더십의 의미에 대한 사례이다. 사례에서 리더십은 직위를 수반하는 것이 아니라 모든 조직원이 각자의 위치에서 리더십 역량을 가질 필요가 있음을 보여주고 있다. 리더십이란 특정 사람에게만 강조되는 것이 아니라 조직의 공통된 목적을 달성하기 위하여 개인이 조직원들에게 영향을 미치는 과정을 의미한다.

〈사례 2〉는 다양한 리더십 유형에 대해서 보여 준다. 〈기획부장 K씨〉는 '독재자 유형'의 리더십에 관한 것으로서, 기획부장 K씨는 부하직원들에게 도전이나 반항 없이 묵묵히 순응할 것을 요구하고 있다. 〈팀장 L씨〉는 '민주주의에 근접한 유형'의 리더십에 관한 것으로서, 팀장 L씨는 아침마다 직원회의를 개최하여 부하직원들에게 자신의 의견을 제시할 것을 요구하고 있다. 〈팀장 J씨〉는 '파트너십 유형'의 리더십에 관한 것으로서, 팀장 J씨는 자신은 팀원 중 한명일 뿐이며, 모든 팀원들과 성과 및 결과에 대한 책임을 공유하고 있다. 〈팀장 P씨〉는 '변혁적 유형'의 리더십에 관한 것으로서, 팀장 P씨는 팀이 처한 문제를 개선하기 위해 명확한 비전을 제시하여 팀원들이 업무에 몰두할 수 있도록 이끌고 있다.

활동

[지도 방법]
이 활동은 학습자들이 성공적이고 매력적인 리더들을 떠올리면서 리더십이란 무엇이고, 리더와 관리자의 차이는 과연 무엇인지 생각해 보게 한다. 학습자들이 활동의 빈칸을 직접 작성하고 발표하도록 한 후, 리더십이 의미하는 것과 리더와 관리자의 차이를 알려 준다.

성공적이고 매력적인 리더를 생각할 때, 걸프전에서 미군을 이끌었던 파월(Colin Dowell) 장군이나 하버드대학을 중퇴하고 마이크로소프트사를 세워 세계 제일의 갑부가 된 빌 게이츠(Bill Gates)같은 사람들을 떠올릴 것이다.

또한 당신 자신의 분야에서 성공한 리더나 조직구성원들에게 선한 영향력을 행사함으로써 성공적으로 조직의 목표를 달성한 몇몇 사람들의 이름을 떠올릴 수 있을 것이다. 그들은 부하나 조직구성원들을 격려하고 업무가 원활히 수행될 수 있도록 특별한 비결을 가지고 있는 사람들이다. 그렇다면 리더십이란 무엇인가?

 리더십이란 무엇인지 각자의 생각을 적어 보자.

| |
| |
| |

과거 조직 구조에서는 관리자의 역량만으로 충분하였으나, 최근에는 리더의 역량을 요구하는 경우가 많이 있다. 우리는 주변에서 '관리자' 또는 '리더'라는 이야기를 많이 듣는다. 어떤 차이가 있을까? 관리자와 리더 중 어느 것이 더 좋은 것일까?

최근에 들어 '리더'라는 말을 자주 접하게 되는데 과거에는 리더가 필요 없었던 걸까?

리더와 관리자의 차이에 대해서 각자의 생각을 적어 보자.

리더(leader)	관리자(manager)
▶	▶
▶	▶
▶	▶
▶	▶
▶	▶

성공적인 리더는 이끌고 나가야 할 집단에 따라 아마도 리더십의 한 가지 유형을 엄격히 고수하거나 여러 상황에서 다양한 유형의 리더십을 혼용할 것이다. 일반적으로 리더십 유형은 독재자 유형, 민주주의에 근접한 유형, 파트너십 유형 그리고 변혁적 리더십 등으로 구분할 수 있다. 당신은 전체 조직의 문화 속에서 당신의 그룹이 도전적인지, 성공적인지, 변화 지향적인지에 따라서 어떠한 유형을 활용할 것인지 결정할 수 있을 것이다.

 다음 밑줄 친 곳에 독재자 유형, 민주주의에 근접한 유형, 파트너십 유형 그리고 변혁적 유형 중 가장 적절하다고 생각하는 것을 적어 보자.

철수는 스포츠용품 제작/판매 부서의 새로운 관리자로 승진했다. 그 부서는 과거 가시적인 성공을 거두어 왔으나, 구조조정으로 인해 오랫동안 일해 온 직원의 수가 줄어들면서 최근에는 판매실적이 평균 이하로 떨어진 상태였다.

철수는 새로운 관리자로서 비교적 젊은 나이였기 때문에, 처음에는 ①_____유형을 적용하여 그 상황에 대처하였다. 그의 부서에는 여러 판매 부서 중에서 가장 **훌륭한** 직원들이 있었다. 그는 직원들에게 현재 업무 수행 능력이 급격히 떨어지고 있는 상태라는 것을 각인시키고, 회사 내에서 최고 판매 부서로 다시 발돋움할 수 있도록 자신이 최대한 도와주겠다고 이야기했다.

철수는 노련한 선임직원들이 이전에 어떻게 성공할 수 있었는지에 대해 되돌아보도록 하였으며, 그러한 과거로 되돌아갈 수 없도록 방해하고 있는 것이 무엇인지 진단하는 것을 도와주었다. 그는 그들이 전성기에 얼마나 열정적이었으며 혁신적이었는지에 대해서 자랑하려고만 하고 성공을 향한 또 다른 노력을 기울이지는 않는다는 것을 발견하였다.

철수는 이내 ②_____유형의 리더가 되어 직원들의 신뢰와 충성심을 새롭게 형성하였다. 그는 직원들에게 보다 높은 수준으로 도약하기를 요구했으며, 집단의 성공과 실패에 그들 자신이 직접적으로 책임이 있음을 깨닫게 하여 그들 스스로 열심히 일하도록 하였다. 철수는 그의 리더십에 계속적으로 저항하고, 판매에 있어서 적극성을 보이지 않는 직원을 해고하였다.

그러자 철수의 팀은 적어도 평균 이상의 수준이 되었다. 이에 철수는 ③_____유형의 리더가 되었다. 그는 가장 경험이 많고 노련한 선임직원에게도 새로운 판매방법을 종용하여, 6개월 이내에 75%의 판매실력을 더 올리자는 비전을 제시하였다.

이러한 방법으로 직원들을 고무시키고 격려함으로써 철수의 부서는 회사 전체에서 판매실적 선두권을 달리게 되었다. 직원들은 스스로의 혁신성과 창의성을 깨달았을 뿐 아니라 회사의 성공에 크게 기여하였다는 사실도 깨닫게 되었다.

[활동 해설]

리더십이란 특별한 비결이 필요하고 신비로운 사람만이 보유한 것이 아니라, 모든 조직 구성원이 각자의 위치에서 가질 수 있는 것이다. 리더십이란 '조직의 공통된 목적을 달성하기 위하여 개인이 조직원들에게 영향을 미치는 과정'을 의미한다. 한편, 리더와 관리자는 다른 개념으로서, 가장 큰 차이점은 비전이 있고 없음에 있다. 또한, 관리자의 역할이 자원을 관리·분배하고, 당면한 과제를 해결하는 것이라면 리더는 비전을 선명하게 구축하고, 그 비전이 팀 멤버의 협력 아래 실현되도록 환경을 만들어 주는 것이다.

빈칸 정답 : ① 파트너십 유형, ② 독재자 유형, ③ 변혁적 유형
해설 : 리더십 유형은 크게 독재자 유형, 민주주의에 근접한 유형, 파트너십 유형, 변혁적 리더십 유형 등 크게 4가지로 구분할 수 있다. 빈칸 ①에는 철수가 부하직원들과 성과 및 결과에 대한 책임을 공유한다는 측면에서 파트너십 유형이 적절하다. 빈칸 ②에는 부하직원들에게 신뢰와 충성을 강조하고, 저항하는 직원을 과감하게 해고하고 있다는 측면에서 독재자 유형이 적합하며, 빈칸 ③에는 변화를 위해 새로운 비전을 조직구성원들에게 제시하고 있다는 측면에서 변혁적 유형이 가장 적합하다.

내용

[지도 방법]
학습자들이 리더십의 의미는 무엇인지, 리더십의 발휘 구도는 어떻게 변화되어 왔는지, 리더와 관리자의 차이는 무엇인지에 대해서 학습할 수 있도록 주요 내용을 제시하고, 사례와 활동 간의 연관성을 찾도록 한다.

리더십에 대해 정확히 규정된 정의는 없다. 하지만 리더십에 대한 공통된 특성을 이해하는 것이 효과적인 리더가 되는 첫 번째 단계라고 할 수 있다. 리더십에 대한 일반적인 정의나 개념에는 다음과 같다.

1. 조직 구성원들로 하여금 조직목표를 위해 자발적으로 노력하도록 영향을 주는 행위
2. 목표달성을 위하여 어떤 사람이 다른 사람에게 영향을 주는 행위
3. 어떤 주어진 상황 내에서 목표 달성을 위해 개인 또는 집단에 영향력을 행사하는 과정
4. 자신의 주장을 소신 있게 나타내고 다른 사람들을 격려하는 힘

위에서 볼 수 있듯이 리더십의 의미는 매우 다양하다. '리더'라고 하면 은연 중 그 대답 속에 어떤 직위가 있어야 한다고도 생각할 수 있다. 그러나 리더는 반드시 직위를 수반하는 것은 아니다. 직급에 따라 요구하는 리더십 역량이 다를 뿐이다. 전 조직원이 각자의 위치에서 리더십으로 무장할 때 그 조직은 매우 강하며 밝은 미래를 가질 수 있을 것이다.

리더란, 리더십을 가진 사람을 말하며 본 교재에서는 '리더십'을 다음과 같이 정의한다.

> 리더십이란 조직의 공통된 목표 달성을 위하여 개인이 조직원들에게 영향을 미치는 과정이다.

즉, 리더는 미래 통찰력을 가지고 조직의 성장에 영향력을 미치는 공통된 목표를 제시하여야 하고, 그 목표를 달성할 수 있도록 조직원과 팀워크를 이루어 성과를 내는 과정을 주도하는 사람이라고 볼 수 있다.

이러한 리더십의 발휘 구도는 산업사회에서 정보사회로 바뀌면서 아래의 그림처럼 수직적 구조에서 가능한 모든 방향에 영향을 끼치는 전방위적 구조 형태로 바뀌게 되었다.

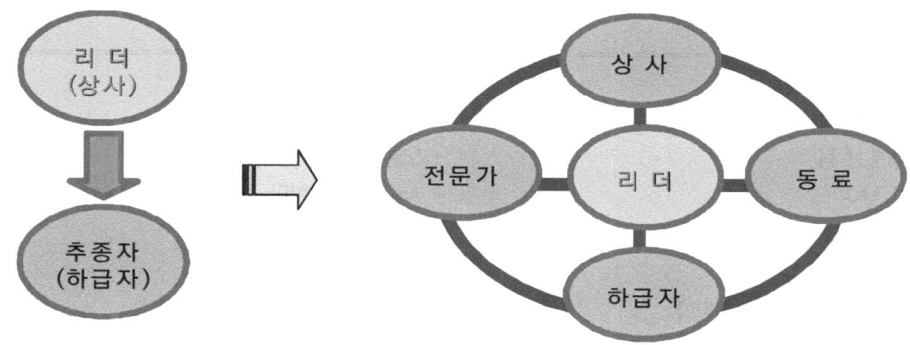

과거에는 상사가 하급자에게 리더십을 발휘하는 수직적 형태를 띠었다. 그러나 오늘날은 리더십이 전방위적으로 발휘된다. 즉, 상사가 하급자에게 발휘하는 형태뿐 아니라 조직원이 동료나 상사에게까지도 발휘하는 형태인 것이다. 오늘날처럼 변화의 속도가 빠른 시기에는 각자의 위치에서 각각 신속하고 효율적인 의사결정을 내려야 하기 때문에 개개인마다 별도의 주체적인 리더십이 필요하다.

훌륭한 리더는 직위가 없이도 사람들을 이끌 수 있는 무관(無冠)의 리더(uncrowned leader)이다. 무관의 리더는 리더의 자리에 있지는 않지만 스스로 리더라고 생각하고 리더처럼 행동을 하는 사람을 지칭한다. 즉 남이 풀 수 없는 문제를 풀고 남이 하기 싫어하는 일을 스스로 맡아 하며, 전문성과 지혜를 가지고 보이지 않는 영향력을 발휘할 수 있다면 그가 바로 무관의 리더인 것이다. 반면에 비록 지위가 높더라도 학습능력 없이 과거의 업적과 영광에만 집착하는 사람은 리더십을 상실한 사람이다.

리더(leader)와 관리자(manager)는 어떤 차이가 있을까?

일류 리더는 관리의 기술에 리더의 능력을 더한 사람이다. 단순하게 비교를 해보면, 리더와 관리자의 가장 큰 차이는 비전의 유무(有無)에 있다. 관리자의 역할이 자원을 관리·분배하고 당면한 문제를 해결하는 것이라면, 리더의 역할은 비전을 선명하게 구축하고 그 비전이 팀 구성원의 협력 아래 실현되도록 환경을 만들어 주는 것이다. 따라서 관리자의 관심사가 주로 사람이나 물건을 관리하는 것에 있는 데 비해, 리더의 관심하는 사람의 마음을 중시하고 동기를 부여하는 데 있다. 또한 관리자는 오늘의 구체적인 문제를 대상으로 삼고 일하지만, 리더는 미래를 향한 새로운 상황을 창조한다. 즉 새로운 상황 창조자인 것이다.

또 하나 중요한 점은 관리자는 일을 '어떻게 할까(How to do?)'에 초점을 맞추지만 리더는 '무엇을 할까(What to do?)'에 초점을 맞춘다. 바꾸어 말하면 관리자는 '올바르게 하는 것'에 주안점을 두는 대신, 리더는 '올바른 일을 하는 것'에 중점을 두는 것이다.

리 더	관 리 자
- 새로운 상황 창조자 - 혁신 지향적 - 내일에 초점 - 동기 부여 - 사람을 중시 - 정신적 - 계산된 위험(risk)을 취한다 - '무엇을 할까'를 생각한다	- 상황에 수동적 - 유지 지향적 - 오늘에 초점 - 사람을 관리한다 - 체제나 기구를 중시 - 기계적 - 위험(risk)을 회피한다 - '어떻게 할까'를 생각한다

일반적으로 리더십 유형은 크게 독재자 유형, 민주주의에 근접한 유형, 파트너십 유형, 변혁적 리더십 유형 등 크게 4가지로 구분할 수 있다. 이에 대해서 좀 더 자세히 알아보자.

① 독재자 유형

지금까지 살아오면서 강력한 독재자를 만나 본 경험이 있을 것이다. 그 어원이 정치학에서 비롯되었듯이, 독재자 유형은 정책 의사 결정과 대부분의 핵심 정보를 그들 스스로에게만 국한하여 소유하고 고수하려는 경향이 있다. 전형적인 독재자 유형의 특징은 아래와 같다.

- 질문은 금지
  독재자는 집단의 규칙 하에 지배자로 군림하고, 동료에게는 그의 권위에 대한 도전이나 반항 없이 순응하도록 요구하며, 개개인들에게는 주어진 업무만을 묵묵히 수행할 것을 기대한다.

- 모든 정보는 내 것이다
  독재자는 '지식(정보)이 권력의 힘'이라고 믿는다. 이러한 까닭으로 대부분의 구성원들과 조직에 대한 핵심 정보를 혼자 독점하고 유지하려고 애쓰며, 다른 구성원들에게는 기본적 수준의 정보만을 제공한다.

- 실수를 용납하지 않음
  독재자 유형은 언제 어디서나 가장 최고의 질적 수준을 요구한다. 실수는 결코 용납되지 않으며, 한 번의 실수는 곧 해고나 다른 형태의 징계로 이어진다.

독재자 유형은 특히 집단이 통제가 없이 방만한 상태에 있을 때 혹은 가시적인 성과물이 보이지 않을 때 사용한다면 효과적일 수 있다. 이러한 경우 독재자 유형의 리더는 팀원에게 업무를 공정히 나누어 주고, 그들 스스로가 결과에 대한 책임을 져야 한다는 것을 일깨울 수 있다.

② 민주주의에 근접한 유형

민주주의에 근접한 유형은 독재자 유형보다 관대한 편이다. 리더는 그룹에 정보를 잘 전달하려고 노력하고, 전체 그룹의 구성원 모두를 목표 방향 설정에 참여하게 함으로써 구성원들에게 확신을 심어 주려고 노력한다.

예컨대, 팀장은 회의 때 회의자료를 준비하여 직원들에게 나누어 주고 그들의 의견을 구하며 경우에 따라 새로운 제안을 받기도 한다. 팀장은 직원들의 의견을 수렴하여 팀원들의 참여 속에서 의사결정을 한다.

민주주의에 근접한 유형의 특징은 아래와 같다.

- 참여
  리더는 팀원들이 한 사람도 소외됨이 없이 동등하다는 것을 확신시킴으로써 비즈니스의 모든 방면에 종사하도록 한다.

- 토론의 장려
  리더는 경쟁과 토론의 가치를 인식하여야 하며, 팀이 나아갈 새로운 방향의 설정에 팀원들을 참여시켜야 한다.

- 거부권
  '민주주의에 근접한'이라는 말에서 알 수 있듯이, 이 유형의 리더들이 비록 민주주의적이긴 하지만 최종 결정권은 리더에게만 있다.

민주주의에 근접한 방식은 당신이 혁신적이고 탁월한 직원들을 거느리고 있고, 또 그러한 방향을 계속 지향할 때 가장 효과적이다. 기발하고 엄청난 아이디어를 가졌다고 할지라도, 양적인 것이 항상 질적인 것까지 수반하는 것은 아니다. 리더에게는 옳고 그름을 결정할 책임이 있다.

③ 파트너십 유형

파트너십은 위에서 논의한 리더십 형태와 다른 형태의 리더십이다. 독재자 유형과 민주주의에 근접한 유형은 리더와 집단 구성원 사이에 명확한 구분이 있다. 하지만 파트너십에서는 그러한 구분이 희미하고, 리더가 조직에서 한 구성원이 되기도 한다.

파트너십 유형의 특징은 아래와 같다.

- 평등
  리더는 조직 구성원 중 한 명일 뿐이다. 리더는 다른 조직 구성원들보다 경험이 더 풍부하겠지만 다른 구성원들보다 더 비중 있게 대우받아서는 안 된다.

- 집단의 비전
  집단의 모든 구성원은 의사결정 및 팀의 방향을 설정하는 데 참여한다.

- 책임 공유
  집단의 모든 구성원은 집단의 행동에 따른 결과 및 성과에 대해 책임을 공유한다.

파트너십 유형은 소규모 조직이나 성숙한 조직에서 풍부한 경험과 재능을 소유한 개개인들에게 적합하다. 신뢰와 정직, 구성원들의 능력에 대한 믿음이 파트너십 유형의 핵심요소이다.

④ **변혁적 유형**

변혁적 유형의 리더는 개개인과 팀이 유지해 온 이제까지의 업무 수행 상태를 뛰어넘고자 한다. 변혁적 리더는 전체 조직이나 팀원들에게 변화를 가져오는 원동력이다.

변혁적 유형의 특징은 아래와 같다.

- 카리스마
  변혁적 리더는 조직에 명확한 비전을 제시하고, 집단 구성원들에게 그 비전을 쉽게 전달할 수 있다.

- 자기 확신
  변혁적 리더는 뛰어난 사업수완 그리고 어떠한 의사결정이 조직에 긍정적으로 영향을 미치는지 예견할 수 있는 능력을 지니고 있다.

- 존경심과 충성심
  변혁적 리더는 개개인에게 시간을 할애하여 그들 스스로가 중요한 존재임을 깨닫게 하고, 존경심과 충성심을 불어넣는다.

- 풍부한 칭찬
  변혁적 리더는 구성원이나 팀이 직무를 완벽히 수행했을 때 칭찬을 아끼지 않는다. 사람들로 하여금 한 가지 일에 대한 성공이 미래의 여러 도전을 극복할 수 있는 자극제가 될 수 있다는 것을 깨닫게 한다.

- 감화
  변혁적 리더는 사범이 되어 구성원들이 도저히 해낼 수 없다고 생각하는 일들을 구성원들로 하여금 할 수 있도록 자극을 주고 도움을 주는 일을 수행한다.

교수자료 : 존경받는 경영자의 리더십 비결

1999년 잭 웰치 회장의 한국 방문 시 한 경영자가 물었습니다. "세계에서 가장 존경받는 기업의 가장 존경받는 경영자로 선정된 리더십 비결이 무엇입니까?" 웰치 회장의 답변이 이색적입니다. "딱 한 가지입니다. 나는 내가 어디로 가는지 알고 있고, GE의 전 구성원은 내가 어디로 가는지를 알고 있습니다."

이 구절을 볼 때마다 '역시 위대한 경영자이구나' 하는 생각을 하게 됩니다. 그러나 사실은 한 가지가 아님을 알 수 있습니다. 하나는 미래에 대한 비전을 확실히 가진 것이고 또 하나는 이를 자신만의 비전이 아닌 모두의 비전으로 만들었다는 점이 핵심 포인트입니다.

잘 알다시피, 비전은 미래에 대한 꿈과 희망을 제시해 줍니다. 그리고 조직원에게 가치판단의 기준을 제공하며, 열과 성을 다해 헌신할 수 있도록 동기를 부여하는 역할을 합니다. 그러나 경영자들은 실제 경영현장에서 오직 2.4%의 시간만을 미래 구상에 사용하고 있습니다(하버드대 존 코터 교수). 또한 자신의 비전을 조직원 모두와 공유하기 위한 노력을 소홀히 하고 있습니다.

잭 웰치는 '10번 이상 얘기한 것이 아니면 한 번도 얘기 안한 것과 같다'고 비전 공유를 위한 커뮤니케이션을 강조하고 있습니다. 다른 조사에 의하면 구성원들은 같은 얘기를 7번 반복해서 들어야 겨우 비전을 이해하기 시작한다고 합니다.

조직원 모두의 가슴을 울렁거리게 할 수 있는 크고 대담한 미래 비전을 창출, 모든 조직원들이 이를 공유하여 한 방향으로 매진함으로써 보통 사람들은 꿈조차 꿀 수 없는 위대한 성과를 창출하는 경영자와 조직이 많이 나오기를 기대해 봅니다.

머니투데이, 2007. 11. 5일자
https://news.mt.co.kr/mtview.php?no=2007110510342225678

(자료 계속)

차별 없는 리더십, 인재 등용의 지름길

능력에 따른 엄격한 상벌도 중요하지만 능력을 발휘할 수 있는 자리를 만들어 주는 것도 리더의 능력이다. '어느 구름에서 비 내릴지 모른다'는 말만 믿고 가능성 없는 '문제적 직원'에게까지 공을 들이는 것은 비효율적으로 보이겠지만, 그 문제적 직원 역시 이 회사에 들어올 수 있는 엄격한 기준을 통과하면서 능력을 검증받은 이다.

◆ **어느 구름에서 비 내릴지 모른다**

좋은 상사 혹은 훌륭한 리더의 기준은 수없이 많다. 열정 있는 리더, 소통하는 리더, 솔선수범의 리더, 아는 것 많은 능력 있는 리더, 돈도 많아 후배 밥 잘 사는 리더 등등. 하지만 이 모든 기준은 각자의 머릿속에 있는 것이다.

개개인의 다양한 개성과 천차만별의 능력이 부딪치는 직장에서 벌어지는 리더십은 우리가 알고 있고 원하는 리더십과는 거리가 있는 것도 현실이다. 또한 존경할 만한 리더십은커녕 부하를 질투하고, 부하의 공을 가로채고, 개인과 조직의 이해를 같이하는 이기적인 리더들을 우리는 주변에서 종종 발견한다. 그들은 부하 직원의 학벌, 고향, 재력 심지어 외모까지 평가하며 이미 머릿속으로 서열을 매기기도 한다. 어쩌면 상사와 부하직원의 관계는 '적과의 동침'일 수도 있다. 그만큼 눈에 보이지 않는 긴장감이 필요하다. 즉, 이런 긴장관계의 지속은 긍정적인 면에서 개인과 조직이 그리고 상사와 부하직원 서로에게 이해와 손해를 강요하는 조직이 돼서는 안 된다는 것을 의미한다.

직업생활에서 누구나 손꼽는 리더십은 '이 세상에 쓸모없는 인간은 없다'는 생각을 갖고 공평하게 직원을 대하는 리더십이다. 직원의 잠재력을 발견하고 그것에 리더의 풍부한 경험과 지식을 더하는 것이 진정한 리더십이다. 옛말에 "사람을 볼 때 단점보다 장점을 보아야 한다. 그래야 장점이 커지면서 단점이 작아 보인다. 장수에게 칼 대신 호미를 쥐어 주는 자는 진정한 리더가 아니다"라는 말이 있다. 상사의 부족함을 채워 주는 부하 직원이 최고의 부하 직원일 수 있듯, 조건 없이 부하 직원의 능력을 받아들이고 개발할 수 있는 여건을 만들어 주는 것이 리더로서 가장 필요한 덕목이다. 그래야 부하 직원도 발전하고 상사 역시 그 발전에 힘입어 더 나은 능력을 발휘할 수 있다.

2020.07.09. 매일경제. [직장인 레시피] 차별 없는 리더십, 인재 등용의 지름길
https://www.mk.co.kr/news/culture/view/2020/07/705372/

**리더십 역량 강화:
동기부여 및 임파워먼트**

미디어계의 거장 루퍼트 머독은 '조직원 스스로 조직의 일원임을 느끼도록 일깨우는 것만큼 좋은 것은 없다'라고 말하였다. 여기서 동기부여의 핵심은 조직원들의 마음과 가슴으로 들어가는 것임을 알 수 있다. 직업생활 중 직장동료나 상사 혹은 부하에게 동기를 부여하기 위한 방법은 무엇일지 알아보자.

 사례

[지도 방법]

학습자들이 〈사례 1〉을 통해 조직 구성원들에게 동기를 부여하는 것이 중요하다는 것을 알고, 동기를 부여할 수 있는 방법에 대해서 생각해 보도록 한다. 조직 구성원들에게 동기를 부여함으로써 조직의 성과를 크게 향상시킬 수 있음을 강조한다. 또한 사례를 읽고 스스로 동기 부여 방법에 대해서 생각할 수 있는 분위기를 조성하도록 한다.

학습자들이 두 가지 상황이 제시된 〈사례 2〉를 읽고, 두 상황을 서로 비교해 보면서 임파워먼트의 의미가 무엇인지 생각해 보도록 한다. 특히 권한위임과 업무위임은 서로 다르다는 점을 강조한다. 또한 사례를 읽고 스스로 임파워먼트의 의미를 생각할 수 있는 분위기를 조성하도록 한다.

사례1: 동기부여 사례

지역총판의 매니저인 강수는 매 분기별로 빠짐없이 판매실적을 검토한 후 실적이 부진한 직원은 해고하겠다고 으름장을 놓았다. 그는 자주 얼굴을 붉히고 길길이 날뛰면서 책상을 주먹으로 내리치곤 했다.

안타깝게도 회사 직원들은 강수가 주기적으로 장황하게 이야기하는 것에 대하여 순전히 협박으로 여기며 누구도 진정으로 귀를 기울이지 않았다. 지난 몇 년 동안 강수의 협박에 진저리치며 퇴사한 영업사원이 한 둘이 아니었다. 그 바람에 회사는 여러 명의 우수한 인재를 잃었다. 강수의 처벌을 기반으로 한 동기부여는 단기적으로는

(사례 계속)

실적 향상에 다소 효과를 낼 수 있었지만 장기적으로는 팀 전체를 위험에 빠뜨리고 부작용만 낳게 되었다.

데일 카네기는 하늘 아래에서 다른 사람에게 어떤 일을 하게 만드는 유일한 방법은 그가 그 일을 하고 싶도록 만드는 것이라고 지적했다. 그는 줄곧 긍정적인 동기부여가 최고로 중요하다는 것을 강조하면서, 강도처럼 총을 겨누고 협박하면 상대방이 가진 물건을 순순히 내놓을 것이라고 덧붙였다. 다시 말해, 직원들을 해고하겠다고 위협하면 그들은 적어도 당분간은 협력할지 모른다. 하지만 이런 원초적인 방법으로는 지극히 바람직하지 못한 반발과 저항만 불러일으킬 뿐이란 것이다.(최염순(역), 2011)

사례2: 권한위임과 업무위임

〈상황 A〉

리더 K는 팀원 A에게 지난 몇 달 동안의 판매 수치를 정리해 달라고 요청했다. 또한 데이터베이스를 업데이트하고, 회계부서에서 받은 수치를 반영한 새로운 보고서를 만들라는 지시를 내렸다. 그런데 팀원 A는 전혀 열의를 보이지 않은 채 업무를 처리했다. 리더 K는 그가 업무에 관심을 보이지 않는 이유가 무엇인지, 판매 개선에 필요한 아이디어를 왜 생각해 내지 못하는지 의아하게 여겼다.

〈상황 B〉

리더 K는 팀원 A에게 지난 몇 달간의 판매 수치를 정리해 달라고 요청했다. 그는 정확하게 업무를 처리했지만, 눈에 띌 정도로 열의 없이 업무를 처리했다. 리더 K는 그와 함께 판매 수치를 자세하게 살핀 다음, 판매 향상에 도움이 될 만한 마케팅 계획을 개발하도록 그를 격려했다. 팀원 A는 비로소 막중한 책임감을 느끼고, 새로 맡은 프로젝트에 대해 책임감을 갖는 한편 자신의 판단에 따라 효과적인 해결책을 만들었다.

[사례 해설]

〈사례 1〉은 처벌에 기반을 둔 동기부여를 활용하여 단기적으로는 조직의 성과가 향상되는 결과를 가져왔지만, 장기적으로는 조직 내 팀워크와 성과를 크게 저하시킨 경우이다. 처벌에 기반을 둔 동기부여의 부정적인 예를 반면교사 삼아 조직 내 구성원들의 팀워크 및 생산성을 향상시키기 위한 동기부여 방법에 대해 생각해 보도록 하자.

〈사례 2〉는 임파워먼트의 의미에 관한 사례이다. 사례에서 단순히 업무를 위임하는 〈상황A〉보다, 권한을 위임하는 〈상황B〉가 더욱 효과적임을 알 수 있다. 〈상황B〉에서 리더 K는 팀원A에게 판매 향상에 도움이 될 만한 마케팅 계획을 직접 개발하도록 권한을 위임하였으며, 이에 따라 팀원A는 막중한 책임감을 느끼고 효과적인 해결책을 만들어낼 수 있었다.

활동

[지도 방법]
첫 번째 활동은 조직원의 동기부여가 필요한 다양한 상황을 제시한 후, 각각의 상황에서 학습자 스스로 자신이 생각하는 동기부여 방법을 생각해 보는 활동이다. 학습자들이 빈 칸을 직접 작성하여 발표하도록 한 후, 다양한 동기부여 방법에는 어떠한 것들이 있는지 알려 준다.
두 번째 활동은 학습자들이 높은 성과를 내는 임파워먼트 환경과 임파워먼트 장애 요소에 대해서 생각해 보도록 하는 활동이다. 학습자들이 빈칸을 직접 작성하여 발표하도록 한 후 활동이 의미하는 바를 알려준다.

'동기부여'는 리더십의 핵심 개념이다. 이루고자 하는 성과와 목표의 실현은 동기부여의 직접적인 결과라고 해도 결코 지나치지 않다.

팀의 구성원으로서 일을 하든 다른 사람의 지도를 받지 않고 자기 소신껏 하든 일을 멋지게 처리하도록 자기 자신에게 동기를 부여해야만 좋은 결과를 얻을 수 있다. 더군다나 팀의 리더라면 구성원들이 좋은 성과를 내도록 동기부여 할 수 있는 능력을 반드시 갖추어야 할 뿐만 아니라, 스스로에게 동기를 부여할 수 있어야 한다.

 다음 상황에서 당신이라면 어떻게 대처할지 나름대로의 생각을 적어 보자.

상황1. 팀의 프로젝트 진행에 문제가 생겨서 일정이 지연되고 있다. 팀원인 A는 프로젝트를 일정 안에 끝내기 위해 밤늦게까지 일에 매진하고 있다. 그는 조금도 불평하지 않은 채, 최선을 다해 프로젝트를 수행하고 있다. 그의 노력에 힘입어 프로젝트는 예정된 일정대로 무사히 마무리되었고, 기대 이상의 좋은 결과도 얻었다. 당신은 어떻게 행동할 것인가?

상황2. B의 업무 속도가 점점 나빠지고 있다. 업무에 눈곱만큼도 관심이 없는 것 같고, 업무 자체를 지겨워하는 것처럼 보인다. 당신은 이 상황을 어떻게 해결할 것인가?

상황3. C는 부서에서 최고의 성과를 올리는 영업사원으로 명성이 자자하지만, 서류 작업을 정시에 마친 적이 한 번도 없다. 그가 서류 작업을 지체하기 때문에 팀 전체의 생산성에 차질이 빚어지고 있다. 당신은 이 상황을 어떻게 해결할 것인가?

상황4. D는 2년간 당신의 부하직원으로 일했는데, 업무능력이 대단히 뛰어났다. 최근 들어 당신은 그에게 회사 뉴스레터를 새로 디자인하라고 지시했는데, 결과물이 의외로 좋지 않았다. 깔끔하지 못했고 아마추어 분위기가 심하게 났다. 당신은 이 상황을 어떻게 해결할 것인가?

[활동 해설]

각각의 상황에 대한 효과적인 동기부여 방법을 제시해 준다.

상황 1의 해결책: 팀원인 A에게 프로젝트를 뛰어나게 수행했다는 점과, 그에 대해 높이 평가하고 있다는 점을 알려야 한다. 프로젝트에 임하는 A의 태도를 훌륭한 본보기로 삼아 팀원들에게 동기부여 하는 것만큼 좋고 유익한 것은 없다. A에게 여러 가지 방법으로 고마운 마음을 전할 수 있다. 이를테면 유급휴가를 줄 수도 있고, 최고급 식당에서 식사할 수 있는 식사권을 선물로 줄 수도 있으며, A 본인이 차기 프로젝트를 직접 선택하게 해서 책임을 맡길 수도 있다.

상황 2의 해결책: B의 업무를 대신할 직원을 새로 채용하기보다는, 그에게 새로운 업무를 맡겨서 업무 속도를 변화시키도록 유도하는 것이 좋다. 그리고 B에게 새로 입사한 직원을 직접 교육할 수 있는 기회를 부여한다. 다른 팀의 직원들과 함께 일하며 자신감을 불어넣는 업무를 맡겨보는 것도 좋다. 또한 팀의 업무 생산성에 대해 기탄없이 말하도록 하고, 생산성 향상을 위한 의견도 적극적으로 말해 보도록 한다.

상황 3의 해결책: 서류 작업을 지체함으로써 팀 전체의 생산성에 어떠한 차질을 빚고 있는지 C에게 자세히 설명하고, 이 문제와 관련해 최소한 두 가지 정도의 해결책을 스스로 찾아내도록 격려한다. 그가 실행 가능한 해결책을 찾지 못할 경우, 업무 및 진행 절차를 재분석해서 새로운 전략을 찾아본다. 어쩌면 C는 자신이 진행하고 있는 서류 작업이 단조롭고 재미가 없기 때문에 늑장을 부리는 것이며, 그로 인해 서류 작업들이 계속 쌓이는 것인지도 모른다. 이렇게 되면 C는 머지않아 누적된 업무에 압도당하고 말 것이다. 업무를 능숙하게 처리하는 직원과 상택을 한 팀으로 구성하는 것도 좋다.

> 상황 4의 해결책 : 다시 한번 커뮤니케이션의 중요성을 생각해야 한다. 먼저 D에게 뉴스레터 업무를 어떻게 처리했냐고 물어본다. 그가 뉴스레터를 만들기 위해 필요한 레이아웃 프로그램을 익숙하게 다루는 데 시간이 턱없이 부족했다는 사실을 알고 놀랄 수도 있다. 이런 경우라면 프로그램을 능숙하게 다루는 직원을 D와 함께 일하도록 해야 한다. 그것이 가능하지 않다면 외부 전문가에게 의뢰해 D가 그 기술을 충분히 익히도록 지원해야 한다.

💡 높은 성과를 내기 위해 임파워먼트 환경을 구축하려면 조직은 어떠한 조건을 갖추어야 할지 각자의 생각을 적어 보자.

1. 팀원에게 도전적이고 흥미로운 일을 제공해야 한다.
2. 팀원에게 학습과 성장의 기회를 제공해야 한다.
3. _____
4. _____
5. _____
6. _____
7. _____

💡 임파워먼트에 장애가 되는 요소에는 어떠한 것들이 있을지 각자의 생각을 적어 보자.

1. 기본적으로 팀원의 역량이 부족하다.
2. 리더가 독재자형 유형의 리더십 스타일을 고집한다.
3. 조직이 공감대 형성이 없는 구조와 시스템을 가지고 있다.
4. _____
5. _____
6. _____
7. _____
8. _____

[활동 해설]

리더는 임파워먼트 환경이 가져다주는 혜택과 임파워먼트 환경을 갖춘다는 것이 의미하는 바를 잘 알고 있어야 한다. 임파워먼트 환경에서는 사람들의 에너지, 창의성, 동기 및 잠재능력이 최대한 발휘되는 경향이 있다. 또한 임파워먼트 환경은 사람들이 현상을 유지하고 순응하게 만드는 경향이 있다. 높은 성과를 내는 임파워먼트 환경의 특징에는 다음과 같은 것들이 포함된다.

1) 도전적이고 흥미 있는 일
2) 학습과 성장의 기회
3) 높은 성과와 지속적인 개선을 가져오는 요인들에 대한 통제
4) 성과에 대한 지식
5) 긍정적인 인간관계
6) 개인들이 공헌하며 만족한다는 느낌
7) 상부로부터의 지원

리더는 임파워먼트 여건을 마련하는 일 외에 임파워먼트에 장애가 되는 요인들에 대해서도 알고 있어야 한다. 4가지 차원과 관련된 장애요인들을 살펴보면 다음과 같다.

1) 개인 차원
주어진 일을 해내는 역량의 결여, 대응성, 동기의 결여, 결의의 부족, 책임감 부족, 성숙 수준의 전반적인 의존성, 빈곤의 정신

2) 대인 차원
다른 사람과의 성실성 결여, 약속 불이행, 성과를 제한하는 조직의 규범(Norm), 갈등처리 능력의 결여, 승패의 태도

3) 관리 차원
통제적 리더십 스타일, 효과적 리더십 발휘능력 결여, 경험부족, 정책 및 기획의 실행능력 결여, 비전의 효과적 전달능력 결여

4) 조직 차원
공감대 형성이 없는 구조와 시스템, 제한된 정책과 절차

내용

[지도 방법]
학습자들이 동기부여 방법에는 어떠한 것들이 있는지, 이러한 방법들은 어떠한 경우에 적절하게 활용될 수 있는지에 대해서 학습할 수 있도록 주요 내용을 제시하고, 사례와 활동 간의 연관성을 찾도록 한다.

'그것이 내게 무슨 소용이 있담?' 어떤 일을 맡았을 때 이런 생각을 가져 보지 않은 사람은 아마 없을 것이다. 특히 하고 싶지 않은 일을 맡게 된 경우라면 이런 생각이 더욱 강하게 들기 마련이다. 조직원들은 누구나 자신의 이익과 목표를 실현하고자 하는 욕망에서 프로젝트 완수의 동기를 얻는다. 즉 조직원들은 자신의 욕망(재미, 성취감, 자존심, 권력, 존경, 인정 등)을 실현하고자 프로젝트에 최선을 다하는 것이다.

따라서 리더는 조직원들이 금전적인 보상이나 편익, 승진에 의해서만 동기를 부여받을 것이라는 단순한 생각으로 그들을 대해서는 안 된다. 물론 이러한 외적인 동기유발은 일시적으로 효과를 낼 수도 있다. 하지만 대인관계에서 이러한 전술은 전혀 먹혀들지 않는다. 이 같은 보상이 단기간에 좋은 결과를 가져오고 직원들의 사기를 끌어올릴 수 있지만, 그 효과는 오래가지 못한다. 즉 금전적인 보상이나 스톡옵션 등의 외적인 동기유발은 조직원들에게 매력적인 혜택일 수 있지만, 그들이 지속적으로 최선을 다하도록 동기를 부여하는 데는 충분하지 않다는 뜻이다.

조직원들이 지속적으로 자신의 잠재력을 발휘하도록 만들기 위해서는 외적인 동기유발 그 이상을 제공해야 한다. 사실 모든 조직원의 욕구를 만족시킬 수 있는 이상적인 근무환경을 만들기란 쉽지 않다. 그러나 이러한 환경이 마련된다면 조직원들은 돈이나 편익 등 외적 보상이 아닌, 자기 내면의 순수한 욕망에 의해 동기를 부여받을 것이다. 그렇다면 내적 동기를 유발시킬 수 있는 방법은 무엇이 있을까?

1. 긍정적 강화법을 활용한다.
목표 달성을 높이 평가하여 조직원에게 곧바로 보상하는 행위를 '긍정적 강화'라고 한다. 긍정적 강화법은 조직원들의 동기를 부여하는 데 더없이 효과적이다. 높은 성과를 달성한 조직원에게는 곧바로 따뜻한 말이나 칭찬으로 보상해 주는 것이 필요하다.

2. 새로운 도전의 기회를 부여한다.

환경 변화에 따라 조직원들에게 새로운 업무를 맡을 기회를 준다면, 팀에는 발전과 창조성을 고무하는 분위기가 자연스럽게 조성된다. 즉 조직원들은 매일 해왔던 업무와 전혀 다른 일을 처리하면서 새로운 도전이 주는 자극과 스릴감을 톡톡히 맛볼 것이다. 나아가 자신의 능력을 인정받았다는 뿌듯함과 성취감을 느끼며, 권한을 가지게 되었다고도 생각한다.

3. 창의적인 문제해결법을 찾는다.

직업생활 중 자유롭게 의사결정을 하지 못하고 자신의 소신대로 업무를 진행하지 못할 경우, 조직원들은 자칫 피해의식에 사로잡혀 사사건건 다른 조직원들을 비난할 수도 있다. 창의적인 문제해결법은 조직원들이 자신의 실수나 잘못에 대해 스스로 책임지도록 동기를 부여한다. 리더는 조직원이 문제를 해결하도록 지도하고 개입할 수는 있지만, 실질적인 해결책만큼은 조직원 스스로 찾도록 분위기를 조성해 주는 것이 바람직하다.

4. 자신의 역할과 행동에 책임감을 갖는다.

자신의 잘못에 대한 책임을 다른 직원에게 전가하는 팀원처럼 리더를 화나게 하고 좌절하게 하는 것은 없다. 팀원들이 자신의 실수나 잘못에 대해 책임은 지지 않고, 오히려 다른 팀원들에게 책임을 전가하는 일이 지속된다면 팀의 근무환경은 현저히 나빠지게 마련이다. 하지만 자신의 업무에 책임을 지도록 하는 환경 속에서 일하는 팀원들은 오히려 자신의 위치에서 안정감을 느낄 뿐 아니라, 자신이 의미 있는 일을 하고 있다는 긍지를 갖는다. 또한 어떤 어려움이든 극복하겠다는 의지가 강하며, 달성 가능한 목표점을 계속해서 높여간다. 이러한 팀에서는 리더와 팀원들이 의기투합해 의사결정과 문제 해결방법을 함께 찾아간다.

5. 코칭을 한다.

코칭은 상당히 폭넓게 사용된다. 일반적으로 코칭은 문제 및 진척 상황을 팀원들과 함께 자세하게 살피고 지원을 아끼지 않으며, 지도 및 격려를 하는 활동을 의미한다.

직원들을 코칭하는 리더는 팀원 자신이 권한과 목적의식을 가지고 있는 중요한 사람이라는 사실을 느낄 수 있도록 이끌어 주어야 한다. 또한 팀원들이 자신만의 장점과 성공 전략을 활용할 수 있도록 적극적으로 도와야 할 것이다.

6. 변화를 두려워하지 않는다.

'안전지대(Comport Zone)'란 모든 것이 친숙하고 위험 요소가 전혀 없는 편안한 상황을 의미한다. 더욱 높은 목표를 달성하고자 한다는 것은 이러한 안전지대를 떠난다는 것을 의미한다. 그것은 위험을 감수한다는 말과 같다.

변화에 대한 두려움은 리더나 팀원을 정신적 고통에 직면하게 할 수 있다. 그럼에도 불구하고 리더는 팀원이 안전지대에서 벗어나 더욱 높은 목표를 향해 나아가도록 격려해야 한다. 위험을 감수해야 할 이유가 합리적이고 목표가 실현가능한 것이라면 직원들은 기꺼이 변화를 향해 나아갈 것이며, 위험을 선택한 자신에게 자긍심을 가지며 좋은 결과를 이끌어 내고자 지속적으로 노력할 것이다.

7. 지속적으로 교육한다.

리더는 직원들에게 지속적인 교육과 성장의 기회를 제공함으로써 직원 자신이 상사로부터 충분히 인정받고 있으며 일부 권한을 위임받았다고 느낄 수 있도록 동기를 부여해야 한다. 팀원 개개인이 자신의 능력에 확신을 갖는다면 팀의 업무 성과가 몰라보게 좋아진다. 모름지기 리더는 팀원의 일에 대한 열망과 의지를 간과해서는 안 된다. 그뿐 아니라 리더가 명확한 지침을 제공하고 적절한 교육을 하며 필요한 자원을 아낌없이 지원해 줄 때 직원들은 직업생활을 성공적으로 해나간다는 사실을 알아야 한다.

한편, 모든 종류의 동기부여가 그 나름 효과가 있겠지만, 처벌을 기반으로 한 동기부여는 여러 가지 문제를 낳을 수 있다. 예컨대, 회사가 제시한 목표를 달성하지 않으면 감봉, 강등, 해고 등의 불이익을 주겠다고 하면, 직원들이 단기적으로는 그 일에 주의를 기울일 것이다. 그러나 처벌을 기반으로 한 동기부여를 받은 사람은 장기적으로는 심각한 한계상황을 초래하게 된다. 때로는 공포 분위기가 동기유발제의 역할을 할 수도 있지만 공포의 리더십은 결국 실패하고 만다.

회사 내에서 공포가 업무를 처리하는 수단으로 항상 활용되면, 직원들은 사기가 떨어지고, 상사의 눈치만 살피면서 회사를 떠날 기회만 엿볼 것이기 때문이다. 이와 반대로 칭찬과 격려 속에서 긍정적인 동기부여를 받은 직원들은 업무에 열의를 가지고 더욱 더 노력하게 되므로 더 큰 성과를 얻게 되는 것이다.

> **[지도 방법]**
> 학습자들이 임파워먼트의 의미, 이점, 충족 기준, 여건, 장애요인에 대해서 학습할 수 있도록 주요 내용을 제시하고, 사례와 활동 간의 연관성을 찾도록 한다.

리더십의 핵심 개념 중 하나는 '임파워먼트(empowerment)', 즉 '권한 위임'이라고 할 수 있다. 직원들에게 일정 권한을 위임함으로서 훨씬 수월하게 성공의 목표를 이룰 수 있을뿐더러 존경받는 리더로 거듭날 수 있다. 자신의 능력을 인정받아 권한을 위임받았다고 인식하는 순간부터 직원들의 업무효율성은 높아지게 마련이지만, 안타까운 점은 많은 리더들이 직원들에게 권한을 위임하지 않는다는 것이다.

임파워먼트(empowerment)란 '조직성원들을 신뢰하고 그들의 잠재력을 믿으며, 그 잠재력의 개발을 통해 고성과(high performance) 조직이 되도록 하는 일련의 행위'로 정의할 수 있다.

1. 임파워먼트의 이점

성공적인 리더들은 단순한 임파워먼트를 해주거나 시행하지 않는다. 대신 그들은 임파워먼트가 성장할 수 있는 여건을 조성한다. 리더와 그를 따르는 사람들 모두에 의해 임파워먼트가 일어날 수 있는 문화가 조성되면, 임파워먼트는 조직의 모든 사람들로부터 시너지적이고 창조적인 에너지를 끌어낸다. 임파워먼트를 하면 생산성이 향상되고 사람들의 좋은 기회에 대한 큰 기대를 하게 되며 진보적이고 성공적인 조직을 만들 수 있게 된다. 임파워먼트가 잘 되어 고성과 조직이 되면 개인은 다음과 같은 긍정적인 인식을 갖게 된다.

가. 나는 매우 중요한 일을 하고 있으며, 이 일은 다른 사람이 하는 일보다 훨씬 중요한 일이다.
나. 일의 과정과 결과에 나의 영향력이 크게 작용했다.
다. 나는 정말로 도전하고 있고 계속 성장하고 있다.
라. 우리 조직에서는 아이디어가 존중되고 있다.
마. 내가 하는 일은 항상 재미가 있다.
바. 우리 조직의 구성원들은 모두 대단한 사람들이며, 다 같이 협력해서 승리하고 있다.

2. 임파워먼트의 충족 기준

진정한 임파워먼트는 혁신성과 자발성을 이끌어 내고 조직 전체의 목적에 헌신하도록 유도함으로써 방향감과 질서의식을 실제로 창출하게 한다. 대부분의 조직에 있어서 장기적으로 효과성을 극대화하려면 임파워먼트를 극대화해야 하는데, 진정한 임파워먼트를 위해서는 다음의 3가지 기준이 반드시 충족되어야 한다.

1. 여건의 조성
   임파워먼트는 사람들이 자유롭게 참여하고 기여할 수 있는 일련의 여건들을 조성하는 것이다. 그것은 사람들에게 행해지는 어떤 행동이 아니다.

2. 재능과 에너지의 극대화
   임파워먼트는 사람들의 재능과 욕망을 최대한으로 활용할 뿐만 아니라 더 나아가 확대할 수 있도록 하는 것이다.

3. 명확하고 의미 있는 목적에 초점
   임파워먼트는 사람들이 분명하고 의미 있는 목적과 사명을 위해 최대의 노력을 발휘하도록 해주는 것이다.

3. 임파워먼트의 여건

효과적인 리더는 각 사람들의 능력을 발휘할 수 있도록 조직 내의 임파워먼트 여건을 창출하려 한다. 임파워먼트가 잘 되지 않은 환경에서는 많은 경우에 사람들의 능력이 발휘되지 못할 것이다. 이러한 임파워먼트 여건들은 사람들을 성장하게 하고, 사람들의 의미 있는 목적을 성취하기 위해 그들이 가진 잠재력과 창의성을 최대한 발휘하게 하고, 이해당사자들의 욕구를 충족시키거나 능가하게까지 한다.

리더는 임파워먼트 환경이 가져다주는 혜택과 임파워먼트 환경을 갖춘다는 의미를 잘 알고 있어야 한다. 임파워먼트 환경에서는 사람들의 에너지, 창의성, 동기 및 잠재능력이 최대한 발휘되는 경향이 있다. 그러나 반(反) 임파워먼트 환경은 사람들이 현상을 유지하고 순응하게 만드는 경향이 있다. 높은 성과를 내는 임파워먼트 환경의 특징을 살펴보면 다음과 같다.

1. 도전적이고 흥미 있는 일
2. 학습과 성장의 기회
3. 높은 성과와 지속적인 개선을 가져오는 요인들에 대한 통제
4. 성과에 대한 지식
5. 긍정적인 인간관계
6. 개인들이 공헌하며 만족한다는 느낌
7. 상부로부터의 지원

4. 임파워먼트의 장애요인

리더는 임파워먼트에 장애가 되는 요인들에 대하여 알고 대처할 수 있어야 하는데, 다음과 같은 4가지 차원의 장애요인을 살펴볼 수 있다.

---

1. 개인 차원
   주어진 일을 해내는 역량의 결여, 동기의 결여, 결의의 부족, 책임감 부족, 의존성

2. 대인 차원
   다른 사람과의 성실성 결여, 약속 불이행, 성과를 제한하는 조직의 규범, 갈등처리 능력 부족, 승패의 태도

3. 관리 차원
   통제적 리더십 스타일, 효과적 리더십 발휘 능력 결여, 경험 부족, 정책 및 기획의 실행 능력 결여, 비전의 효과적 전달능력 결여

4. 조직 차원
   공감대 형성이 없는 구조와 시스템, 제한된 정책과 절차

변화관리 방법

세상은 끊임없이 변화하고 있다. 조직의 구성원으로서 이러한 변화에 효과적으로 대처할 수 있는 방법에는 어떠한 것들이 있는지 살펴보자.

 사례

[지도 방법]
학습자들이 사례를 읽고 변화관리의 의미가 무엇인지 생각해 보도록 한다. 이 때 직업세계에서 현재의 자리에 안정적으로 머물러 있겠다는 생각은 환상에 가까우며, 일일이 알아차릴 수는 없지만 변화가 일어나고 있다는 사실만은 부인할 수 없다는 것을 강조한다. 또한 사례를 읽고 스스로 변화관리의 의미를 생각할 수 있는 분위기를 조성하도록 한다.

고객서비스 시스템의 변화

리더 : 영수 씨, 상부에서 고객서비스 전화 업무와 관련해 새로운 시스템을 사용하기로 결정했습니다.

영수 : 아니, 그게 무슨 소리죠? 도무지 이해가 되지 않습니다. 우리 회사의 고객서비스는 업계에서 최고로 손꼽히지 않습니까? 그런데 왜 갑자기 바꾸려 하지요?

리더 : 최근 전화 폭주로 인한 불만접수가 많아졌습니다. 이번에 새로운 시스템을 도입하게 되면 고객들은 빠른 서비스를 받을 수 있게 됩니다. 이런 변화로 인해 기존 시스템에 익숙한 직원들은 당혹감을 느낄 수 있습니다. 새로운 시스템 도입에 대해 어떻게 생각하십니까?

영수 : 솔직하게 말하면 걱정이 됩니다. 저는 지금까지 고객 한 사람에게 맞춘 최상의 서비스를 제공해 왔습니다. 그런데 이제 시스템 변화로 인해 다른 직원들과 해당 이슈를 공유해야 한다니, 정말 이 시스템이 효율적일지 의심스럽고, 난감할 따름입니다.

(사례 계속)

리더 : 저도 그 점은 충분히 이해합니다. 긍정적인 소식이라면 더 이상 혼자서 일하지 않아도 될 뿐 아니라, 동료와 정보를 공유하게 되므로 함께 일하며 배울 수 있는 기회가 생겼다는 것입니다.

리더 : 영수 씨도 아시겠지만 변화란 다른 말로 하면 기회라고 할 수 있을 겁니다. 영수 씨와 동료 직원들이 뜻을 같이 한다면 그 같은 문제는 전혀 걱정할 것이 없다고 생각합니다. 또 다른 문제는 없습니까?

리더 : 저도 그 점은 충분히 이해합니다. 긍정적인 소식이라면 더 이상 혼자서 일하지 않아도 될 뿐 아니라, 동료와 정보를 공유하게 되므로 함께 일하며 배울 수 있는 기회가 생겼다는 것입니다.

리더 : 영수 씨도 아시겠지만 변화란 다른 말로 하면 기회라고 할 수 있을 겁니다. 영수 씨와 동료 직원들이 뜻을 같이 한다면 그 같은 문제는 전혀 걱정할 것이 없다고 생각합니다. 또 다른 문제는 없습니까?

영수 : 팀을 중심으로 업무를 진행한다면 저의 능력이나 성과를 무슨 수로 측정할 수 있을까요?

리더 : 그 문제에 대해서는 아직 결정된 바가 없습니다. 분명한 것은 서비스 직원마다 업무 성과와 관련해 자신의 성과를 명확하게 측정할 수 있게 될 것이라는 점입니다.

[사례 해설]

이 사례는 고객서비스 전화와 관련해서 일어나는 변화에 대해 리더가 부하직원과 대화를 나누는 내용이다. '고객서비스 전화는 자동응답기로 처리될 것이며, 계정 정보는 여러 명의 직원들이 공유하게 된다'는 내용을 가지고 리더는 지금까지 혼자서 고객서비스 업무를 전담해 왔던 팀원과 대화를 한다. 리더는 그가 더욱 확대된 업무를 제대로 수행할 수 있는지, 계정 정보를 다른 직원들과 공유할 수 있는지의 여부를 자세히 살핀다.

이와 같은 경우에는 무엇보다도 먼저 변화가 회사에 상당히 좋은 결과를 가져올 것이라는 점을 팀원이 확신할 수 있도록 이끌어야 한다. 영수는 변화와 관련된 소식을 접하고 실망을 감추지 못했다. 리더는 이 문제를 논의하는 것으로 영수를 독려하고 안정시키는 등 신속하게 대처했다. 나아가 고객서비스를 새롭게 해서 회사가 누릴 수 있는 상당한 이익을 말하는 것으로 영수를 계속 설득했다. 영수는 새로운 서비스를 도입할 때 자신의 성과가 어떻게 평가될 것인가에 대해 걱정을 털어놓았고, 리더는 솔직하지만 중립적인 답변으로 이 문제에 대처했다.

활동

> **[지도 방법]**
> 이 활동은 변화를 통해서 자신에게 생기는 이익을 학습자 스스로 생각해 보게 하는 활동이다. 변화에 잘 대처하여 얻을 수 있는 분명한 이점에는 직업 안정, 커리어 발전, 몸값 향상, 직업만족도 향상 등이 있음을 강조한다. 학습자들이 빈칸을 직접 작성하여 발표하도록 한 후, 활동이 의미하는 바를 알려준다.

효과적으로 변화에 대처하는 최상의 방법은 적극적으로 자기 자신을 변화시키는 것이다. 인센티브도 없는데 행동을 변화하고자 하는 사람은 없을 것이다. 따라서 변화에 더 잘 대처할 경우 생기는 이익을 확인하도록 한다. 그리고 나서 변화가 있기 전 상황으로 돌아가고자 하는 유혹을 받는다면, 현재의 상황이 힘든 것을 생각하는 대신 변화가 가져올 결실에 초점을 맞추어야 한다.

 효과적으로 변화에 대처할 때 생기는 이점 중 자신에게 중요하다고 생각하는 것에 체크해 보자.

a. 직업 안정
b. 커리어 발전
c. 자신의 '몸값' 향상
d. 직업 만족도 향상

 각 이점에 대해서 좀 더 자세히 살펴보자.

a. (직업안정) 우선 직장에서 직면하게 될 3가지 변화를 적고, 그 다음에 각 변화에 대한 적절한 대처방법을 적은 다음, 마지막으로 각 변화가 자신의 직업에 도움이 될 면을 적으시오.

가능한 변화	필요한 대처법	직업상 안전성
1)		
2)		
3)		

b. (커리어 발전) 가까운 미래에 승진을 바란다면, 다음의 2가지 질문에 답을 하시오.
   - 새로운 직위에서 당면하게 될 변화는 무엇인가?
   - 그러한 변화에 대처할 수 있는 능력이 있다는 것을 어떻게 보여줄 것인가?

c. (자신의 '몸값' 향상) 오늘 이력서를 쓴다고 가정하면, 융통성과 창의성을 보여줄 만한 경력에는 어떤 것이 있는가?(예: 새로운 분야의 수업 듣기, 전직, 새로운 업무팀 소속, 수준 높은 전문과 과정 수료, 4명의 각기 다른 팀 리더 밑에서의 업무)

d. (직업 만족도 향상) 다음 직업만족도의 요소들 중 변화에 잘 대처할 경우 얻을 수 있는 것들은 무엇인가?
   ☐ 스트레스 감소   ☐ 생산성 향상
   ☐ 시간 활용 개선   ☐ 능률 향상
   ☐ 사기 진작   ☐ 자신감 상승
   ☐ 재미 증폭   ☐ 팀에서 받는 존중 증대

[활동 해설]

a. 직업 안정 : 직업 안정은 2가지 면에서 이점이 된다. 우선 융통성 있고 변화에 대처를 잘하는 회사가 번창한다. 기업이 번창하면 일반적으로 직업은 더 안정적이 된다. 둘째, 변화에 능통하면, 회사에서 생각하는 자신의 이미지가 십분 개선된다. 특히 회사에서 지속적으로 개선하려 하거나, 고객 만족에 힘쓰거나, 글로벌 마케팅에 주력하거나, 신제품 개발이나 신기술을 도입하려 할 때, 더 유용하게 도움이 될 수 있다.

b. 커리어 발전 : 커리어 발전을 위해서 프로젝트를 잘 운영하고, 커뮤니케이션을 잘하는 것이 2가지 중요한 재산이 되듯, 변화에 대처를 잘 하는 능력도 필수적이다. 변화에 개방적이고, 다른 사람들이 변화를 거부하지 않도록 도와주는 능력이 있다면, 새로운 변화를 위한 프로젝트 발전 및 실행에 일조하는 셈이다.

c. 자신의 '몸값' 향상 : 자신의 '몸값' 향상이라는 세 번째 이점이 중요한 이유는 모두들 자신들의 직업 환경에서 옵션이 제공되기를 바라기 때문이다. 자신의 이미지가 융통성 있고, 새로운 것을 시도하려는 성향이 강하다고 비춰지면, 이미 회사의 막강한 위치에 있는 것이다. 반면 변화에 인색하고, '기존의 방식'에 연연한다면, 외부의 회사에서 자신을 스카우트하려는 기회가 급격히 줄어든다. 자신만의 확고한 믿음이 있는 것도 중요하지만, 직업전선에서 융통성은 고집스러운 성향보다 훨씬 더 시장성이 높다.

d. 직업만족도 향상 : 변화를 위해 사전에 계획하면 무방비 상태보다 항상 더 수월하다. 따라서 효과적으로 변화에 대처하는 법을 배운다면, 직업과 관련된 스트레스·개인적인 스트레스를 감소하고, 자신감을 키우며, 자가 발전을 위한 기회를 늘리는 데 도움이 될 것이다. 이 모든 것들은 직업만족도를 향상시키는 데 한몫을 한다.

내용

[지도 방법]
학습자들이 변화관리의 3단계인 변화를 이해하기, 변화를 인식하기, 변화를 수용하기에 대해서 학습할 수 있도록 주요 내용을 제시하고, 사례와 활동 간의 연관성을 찾도록 한다.

인생은 일련의 변화의 과정이다. 그중에서도 질풍노도의 청소년기를 지나면서 학업과 입시, 진학, 구직과 취업, 업무 스트레스, 질병 등 우리의 삶에 수많은 변화 상황을 맞이할 수 있다. 그러면, 비즈니스와 직업세계에서 맞이하는 변화의 상황들에 대하여 효과적으로 대처하기 위한 12가지 전략을 살펴보자.

1. 우리의 생각을 명확히 할 '5가지 행동의 선택'에 관한 질문을 활용하라
   가. 우리가 이 변화를 활용해야 할 이유는 무엇인가?
   나. 이 변화는 언제 일어날 것인가?
   다. 어떻게 이 변화를 다룰 것인가?
   라. 다른 사람에게 이 변화는 무엇을 의미하는가?
   마. 이 변화는 어떤 사람에게 영향을 미치는가?

2. 변화에 대처하는 속도를 높여라
   늦은 반응은 기업과 개인의 경력에 도움이 되지 않는다. 불필요한 절차와 과정을 생략하라.

3. 신속히 의사결정을 하라
   '망설이면 뒤쳐진다'라는 말이 요즘처럼 실감나는 때는 없다. 정확한 정보를 수집하고 능력을 최대한 발휘해 수집한 정보를 현실과 업무에 적용해라.

4. 업무를 혁신해라.
   뒤처지지 않으려면 변화에 따라 끊임없이 조직을 혁신하고 업무를 재편해야 한다.

5. 자기 자신을 책임져라.
   우리는 스스로 자신의 경력, 자기개발, 업무 혁신, 사기를 관리해야 한다. 누구도 변화에서 자유롭지 않다. 새로운 기술을 습득하고 남보다 열심히 변화에 적응하려는 노력을 기울이며 새로운 역할과 기회에 준비를 해야 한다.

6. 상황을 올바로 파악해 제어할 수 있고 타협할 수 있는 부분을 정해라.
   소귀에 경 읽기 식으로 변화를 인정하지 않느라 시간을 허비해서는 안 된다. 또 현실적으로 변화할 수 있는 것과 그렇지 못한 것들을 구별할 수 있는 지혜를 가져야 한다.

7. 가치를 추구해라.
   변화에 대처하면서 손실보다 기여를 많이 하도록 노력해라. 변화를 회피하면서 현재 지위를 유지하려 하지 말고 기여할 부분이 무엇인지 생각하는 것이다. 즉, 필요한 변화를 위해 기여할 부분을 찾아 행동하라.

8. 고객 서비스 기법을 연마해라.
   향후 고객의 요구가 어떠할지 미리 예상하고, 고객의 변화를 면밀히 관찰하면서 고객의 의견을 수렴해야 한다.

9. 빠른 변화 속에서 자신을 재충전할 시간과 장소를 마련해라.
   해변을 거닐거나 정원 가꾸기, 친구와 차 마시기, 독서하기 등 다양한 방법으로 자신을 재충전할 기회를 가져야 한다.

10. 스트레스를 해소하라
    일할 때와 쉬어야 할 때를 분명히 구분하고, 적당한 휴식을 통해 쌓인 스트레스와 피로를 해소하고 관리할 수 있어야 한다. 아무리 체력이 좋아도 쉬지 않고 일만 하는 사람은 결국 건강 문제가 생기고, 일의 능률과 효율성도 떨어지게 된다.

11. 의사소통을 통해 목표와 역할, 직원에 대한 기대를 명확히 해라
    우리뿐만 아니라 직원들도 변화에 적절히 대처할 필요가 있다. 회사 직원들이 변화 때문에 스트레스를 받고 있다면 회사 자체가 위험에 처한다. 약점을 아는 만큼 경쟁력이 높아진다.

12. 주변 환경의 변화에 주목하라
    새로운 추세나 행동양식의 변화가 무엇인지 세심하게 살펴야 한다. 무엇이 변하고 있는지 그 징후를 포착해야 한다. 새로운 추세를 파악하면 그 추세를 활용할 기회가 생긴다.

현대 비즈니스의 특징은 끊임없이 변하고 유동적이라는 점이다. 따라서 변화관리는 리더에게 있어서 매우 중요한 자질로 부각되었다. 변화를 관리하는 기술을 연마하는 데는 여러 가지 방법이 있다. 특히, 리더는 열린 커뮤니케이션, 역지사지의 자세, 신뢰감 형성, 긍정적인 자세, 직원의 의견을 받아들이고 그들에게 창조적으로 권한을 위임하는 방법 등에 관심을 기울여야 한다.

리더가 효과적인 변화관리를 하기 위한 과정은 다음과 같이 3단계로 설명할 수 있다.

① 변화관리 1단계: 변화를 이해하라

리더는 변화에 대처하려는 직원들을 어떻게 도울 것인가를 고민하기에 앞서, 변화와 관련

한 몇 가지 공통 기반을 마련하고 변화 과정에 어떤 것들이 있는지를 파악해야 한다. 먼저 변화의 실상을 정확하게 파악한 다음, 익숙했던 것들을 버리는 데서 오는 감정과 심리적 상태를 어떻게 다룰 것인가에 대해 심사숙고해야 한다. 변화관리에서 변화를 다루는 방법만큼 중요한 것은 없다.

---

1. 변화가 왜 필요한가
   직업 세계에서 현재의 자리에 안정적으로 머물러 있겠다는 생각은 환상에 가깝다고 할 수 있다. 변화는 더디게 일어날 수도 있으며, 그날그날의 변화를 일일이 알아차릴 수는 없지만, 변화가 일어나고 있다는 사실만은 부인할 수 없다. 변화는 발전을 더욱 가속화한다.

2. 무엇이 변화를 일으키는가
   믿을 수 없을 정도로 과학기술이 발전하면서 세계적으로 경쟁이 치열해지고 있다. 이러한 경쟁에서 살아남도록 외부에서 자극을 주는 것으로부터 변화는 시작된다. 변화는 가히 역동적이다. 조직 내부에서는 위에서 아래로 이루어지며, 지위고하를 막론하고 모두에게 영향을 미친다.

3. 변화는 모두 좋은 것인가
   한마디로 말하면 그렇지 않다. 변화를 단행하기 전에 반드시 현재의 상황과 변화와 관련되는 사항들을 면밀히 검토해야 한다. 이렇게 단계적으로 진행해가면 변화를 서둘러 실패를 초래하는 위험을 막을 수 있으며, 직원들이 변화를 자신의 일처럼 생각하게 된다.

---

② **변화관리 2단계: 변화를 인식하라**

변화가 일어나면 모든 직원들이 눈치를 채기 마련이다. 이들은 변화에 대한 소문이 돌거나 변화 내용에 대한 설명도 하기도 전에 그것을 알아차린다. 불확실하고 의심스러운 분위기가 조성되면 직원들은 두려움과 스트레스에 시달리며, 사기는 땅으로 떨어진다. 그러므로 리더가 할 수 있는 최고의 결정은 직원들에게 변화와 관련된 상세한 정보를 제공하는 것이다.

무엇보다 직원들 자신이 변화를 직접 주도하고 있다는 마음이 들도록 이끌어야 한다. 사람은 누구나 자신의 능력을 발휘하는 데 도움이 되는 아이디어 및 변화에 열정적으로 대응한다. 다음은 변화에 저항하는 직원들을 성공적으로 이끄는 데 도움이 되는 방법들이다.

---

1. 개방적인 분위기를 조성한다.
   솔직히 지금까지는 '개방'이란 말을 싫어했을지도 모른다. 하지만 이 방법만큼 직원들을 자신의 편으로 만드는 데 좋은 것은 없다. 직원들에게 되도록 많은 사실을 알려준다. 직원들이 거리낌 없이 질문하게 하고, 이에 솔직하게 답변하도록 한다.

2. 객관적인 자세를 유지한다.
   가능한 객관적인 자세로 업무에 임한다. 변화를 수행하는 것이 힘들더라도 변화가 필요한 이유를 직원들이 명확히 알도록 한다. 변화의 유익성을 밝힐 수 있는 객관적인 수치 및 사례를 직원들에게 직접 확인시킬 필요가 있다.

3. 구성원의 감정을 세심하게 살핀다.
   사람은 본능적으로 안정을 추구하기 때문에 자신의 안전을 해칠 것으로 생각되는 것들은 거부하려는 성향이 있다. 따라서 변화가 이루어지면 자신에게 도움이 될 만한 이익이 생기는 한편, 자신이 중요하게 여기는 것을 잃거나 포기해야 할 수도 있다는 점을 구성원에게 알려야 한다.

4. 변화의 긍정적인 면을 강조한다.
   구성원이 변화의 긍정적인 측면을 인식하도록 돕는다. 또한 변화를 긍정적으로 받아들이는 방법을 찾도록 용기를 준다. 변화의 잠재적인 문제점을 최소화하고 긍정적인 면을 최대한 드러냄으로써, 구성원 스스로 변화가 주는 긍정적인 영향을 깨닫게 한다.

5. 변화에 적응할 시간을 준다.
   기존의 방식에 새로운 것을 접목함으로써 구성원에게 적응하는 시간을 충분히 주는 것이 중요하다. 기존의 업무를 바탕으로 직원들이 새로운 것에 집중하도록 자극하며, 긍정적인 목표들을 달성하도록 이끌어 내는 것이 중요하다.

③ 변화관리 3단계: 변화를 수용하라

변화를 받아들이도록 이끄는 방법은 다양하다. 변화를 바라보는 리더의 자세, 변화에 동기를 부여하는 행위, 변화에 필요한 행동 등은 구성원을 변화시키는 데 상당히 중요하다. 구성원은 리더가 자신들이 모르는 것을 알려주는 한편 긍정적이고 신뢰하는 태도로 대한다고 느낄 때, 리더의 방식을 신뢰하며 따른다. 그러므로 리더는 왜 변화가 일어나야 하는지를 구성원에게 상세하게 설명하고, 변화를 위한 구성원의 노력에 아낌없이 지원해야 한다.

부정적인 행동을 보이는 구성원은 개별 면담을 통해, 늘 관심 있게 지켜보고 있다는 사실과 언제든지 대화를 나눌 수 있다는 점을 주지시킨다. 자신에게 관심을 가져주고 고민을 말할 수 있다는 사실에 구성원은 마음이 편해질 것이다.

변화에 스스로 대처하려는 직원들에게도 도움을 주어야 한다. 이런 구성원에게는 '인간은 자기실현적 예언자'라는 점을 인식시키면 좋다. 자기 자신에게 긍정적인 말을 함으로써 성공을 불러오는 경우도 많기 때문이다. 스스로 동기를 부여하도록 '나는 할 수 있다'와 같은 신념이 담긴 말을 들려준다면, 변화와 성공의 가능성이 더욱 높아진다.

무엇보다도 구성원과 수시로 커뮤니케이션하는 것이 중요하다. 정기적인 회의를 하고, 변화에 대한 구성원의 반응을 계속 주지한다. 규모에 관계없이 변화는 적어도 부서의 한두 직원에게 영향을 미치게 마련이다. 시간을 내어 변화와 관련해 자주 논의하고, 직원들이 자신의 생각이나 제안을 직접 말할 수 있는 분위기를 만드는 데 최선을 다하는 것이 중요하다.

학습정리

[활용 방법]
학습자들이 '학습모듈 F-2-나. 리더십능력'에서 학습한 내용을 스스로 정리할 시간을 준다. 일정 시간이 지난 후 이해가 되지 않는 부분은 질문을 하도록 유도하고, 핵심적인 내용을 다시 한번 정리하여 준다.

1. 리더십이란 조직의 공통된 목적을 달성하기 위하여 개인이 조직원들에게 영향을 미치는 과정이다.

2. 리더와 관리자의 최대의 차이점은 비전의 유무에서 나타난다. 그리고 관리자의 역할이 자원을 관리·분배하고, 당면한 문제를 해결하는 것이라면 리더의 역할은 비전을 선명하게 구축하고, 그 비전이 팀원의 협력 아래 실현되도록 환경을 만들어 주는 것이다. 따라서 관리자의 관심사가 주로 사람이나 물건을 관리하는 것에 있는 데 비해, 리더의 관심하는 사람의 마음을 중시하고 동기를 부여하는 데 있다. 또한 관리자는 오늘의 구체적인 문제를 대상으로 삼고 일하지만, 리더는 미래를 향한 새로운 상황을 창조한다. 즉 새로운 상황 창조자인 것이다.

3. 일반적으로 리더십 유형은 독재자 유형, 민주주의에 근접한 유형, 파트너십 유형, 변혁적 리더십 유형 등 크게 4가지로 구분할 수 있다.

4. 지속적으로 유지될 수 있는 내적 동기유발의 7가지 방법에는 ① 긍정적 강화법 활용, ② 새로운 도전의 기회 부여 ③ 창의적인 문제해결법 찾기 ④ 책임감으로 철저히 무장 ⑤ 몇 가지 코칭을 하기 ⑥ 변화를 두려워하지 않는 것 ⑦ 지속적인 교육 등이 있다.

5. 임파워먼트란 '조직구성원들을 신뢰하고, 그들의 잠재력을 믿으며, 그 잠재력의 개발을 통해 고성과 조직이 되도록 하는 일련의 행위'로 정의할 수 있다.

6. 일반적인 변화관리의 3단계는 변화 이해하기, 변화 인식하기, 변화 수용하기이다.

학습모듈 F-2-다
갈등관리능력 지도

조직에는 다양한 구성원들이 모였기 때문에 공통된 목표를 달성해 나가는 과정에서 갈등은 존재할 수밖에 없다. 갈등이 해결되지 않고 방치된다면 조직의 발전을 저해할 수 있지만, 잘 관리한다면 합리적인 의사결정을 이끌어 낼 수 있다. 갈등의 원인을 파악하고, 갈등의 영향을 받은 조직원들과 함께 문제를 능동적으로 해결하기 위해서는 갈등관리능력의 함양이 필수적이며, 이에 초점을 맞추어 지도하여야 한다.

지도계획

● 학습모듈 F-2-다 지도계획

학습주제	갈등관리능력
학습목표	직업생활에서 조직구성원 사이에 갈등이 발생하였을 경우 이를 원만히 조절하는 능력을 기를 수 있다.
지도시간	2~3시간
교수자료	학습자용 가이드북, 교수자용 가이드북, 프레젠테이션 자료, 신문기사, 인터넷

● 학습활동별 지도계획

학습활동	소요시간	주요내용	유의점
B1 갈등의 의미 및 원인	20~30분	갈등의 정의 갈등의 단서 갈등의 원인	사례 및 활동을 통한 갈등의 의미, 단서, 원인 파악
R1 갈등의 쟁점 및 유형	20~30분	갈등의 쟁점 갈등의 유형	사례를 통한 갈등의 쟁점 파악, 활동을 통해 갈등에 대한 패러다임 확립
A1 갈등 해결 방안	30~50분	갈등 해결 방법의 종류 윈-윈갈등관리의 의미 및 과정	사례 및 활동을 통한 효과적인 갈등 해결 방법 모색

학습활동 지도

갈등의 의미와 원인

조직에는 다양한 구성원들이 모였기 때문에 공통된 목표를 달성해 나가는 과정에서 갈등은 불가피하게 발생한다. 그러나 그 결과가 항상 부정적인 것만은 아니다. 갈등은 우리에게 새로운 해결책을 마련해주는 기회를 제공한다. 조직구성원 사이에 갈등은 왜 발생하는 것일까?

 사례

[지도 방법]
학습자들이 사례를 읽고 갈등의 의미가 무엇인지 생각해 보도록 한다. 갈등을 해결하기 위해서는 우선 갈등이 존재한다는 사실을 인정하는 것이 중요함을 강조한다. 또한 사례를 읽고 스스로 갈등의 의미를 생각할 수 있는 분위기를 조성하도록 한다.

갈등발생의 원인

〈사례 A〉

어느 가구제조 회사는 자금 부족에 직면해 있었다. 이에 따라 회사는 효율적인 자금운영을 위해 부서 통합 및 원가 절감 방안을 찾고자 특별 대책반을 만들었다. 이 팀의 리더인 M은 모든 팀원에게 원가절감 방안에 대해 브레인스토밍을 하도록 하였다.
신임 경리담당 감독자인 R은 다음과 같은 제안을 했다. "제가 생각하기에 비용을 절감시키기 위해서는 재고를 처리하여 보관료를 절약하는 게 좋을 것 같습니다"

"잠깐만요"라고 말하며 구매담당인 I가 말을 가로막았다. "재고를 줄일 수는 없습니다. 그건 말도 안 되는 소리예요.", "자, 우리는 이 문제에 대하여 의견이 다른 것 같은데, 그 이유를 찾아보는 게 좋겠소."라고 R이 말했다.

〈사례 B〉

매출증대 방안을 찾기 위해 애쓰고 있는 팀 리더 M은 사내에서 능력을 인정받고 있는 영업사원인 L과 K사이에 보이지 않는 갈등이 있다는 것을 알았다. K가 아이디어를

(사례 계속)

내놓을 때마다 L은 즉시 반대를 표명했다. 그 결과, K는 점점 말이 없고 위축되어 갔다. 어느 회의에서 K는 텔레마케팅을 사용하여 영업사원들이 추가의 대금결제를 할 수 있도록 하자고 제안하였다. 이때 L이 큰소리로 "자기 자신의 대금결제도 모른다면 당신은 영업부에 있을 자격이 없소."라고 냉소적으로 말했다. 그 순간 팀 리더 M이 두 사람 사이에 끼어들었다. "그렇게 큰 소리를 낼 필요가 없다고 생각해요. 더 이상의 언쟁은 멈추고, 둘 사이의 의견 차이가 어디서 비롯되었는지 알아보도록 해요."

[사례 해설]

이 사례는 갈등의 의미와 갈등이 있다는 것을 인정하는 것의 중요성을 보여주는 사례이다. 갈등을 의미하는 영어단어인 'conflict'는 'con'과 'flict'가 조합된 것이다. 여기서 'con'은 'together(서로, 함께)'를 의미하며, 'flict'는 'strike(충돌하다)'를 의미한다. 따라서 갈등(conflict)이란 말은 '서로 충돌하다'라는 말뜻을 가지며, 명사로 사용될 경우엔 서로 충돌상태라는 말뜻을 가진다. 한자로 갈등(葛藤)은 칡나무 '갈'자와 등나무 '등'자로, 이들이 서로 줄기를 비비 꼬면서 한데 뒤엉켜 뒤죽박죽으로 자라게 된다면 아무 쓸모가 없는 잡풀더미일 뿐만 아니라 무슨 수단을 쓴다 할지라도 이들을 헤쳐 풀어낼 방법이 없다는 것을 의미한다. 즉, 갈등이란 당사자 간에 가치, 규범, 이해, 아이디어, 목표 등이 서로 불일치하여 충돌하는 상태를 의미한다.

이러한 갈등을 즉각적으로 다루지 않는다면 나중에는 곪아터진다. 그렇게 되면, 갈등은 팀 성공을 저해하는 강력한 걸림돌이 될 것이다. 그러나 갈등이 존재한다는 사실을 인정하고 해결을 위한 조치를 취한다면, 갈등은 성공을 위한 하나의 기회로 전환시킬 수 있을 것이다. 갈등에 직접 관련된 팀원〈사례A〉이든 갈등을 관찰하는 팀 리더〈사례B〉이든 간에, 갈등을 해결하고자 한다면 갈등의 의미를 알고, 갈등이 존재한다는 사실부터 인정하는 것이 중요하다.

활동

[지도 방법]
이 활동은 학습자들이 직업생활 중 겪게 되는 갈등이란 무엇인지, 갈등을 확인할 수 있는 단서는 무엇인지, 갈등의 원인은 무엇인지에 대해서 생각해 보도록 하는 활동이다. 갈등을 원만하게 해결하기 위해서는 우선 갈등을 인식하고, 그 원인을 찾는 것이 중요하다는 점을 강조한다. 학습자들이 빈칸을 직접 작성하여 발표하도록 한 후, 활동이 의미하는 바를 알려준다.

여러분은 직업생활이나 일상생활 중 다른 사람들과 많은 갈등을 경험하였을 것이다. 아무리 관리가 잘 되고 있는 조직이라 할지라도, 많은 사람들이 섞여 있는 조직은 언제나 갈등이 일어날 소지를 가지고 있는 곳이다. 때로는 갈등을 얼마나 효과적으로 해결할 수 있는가에 따라 조직의 생산성과 비전이 결정될 수도 있다.

💡 갈등이란 무엇인지 각자의 생각을 적어 보자.

| |
| |

💡 그동안 경험했던 조직 내 구성원 간 갈등을 떠올려 보고, 갈등이 있다는 것을 확인할 수 있는 단서에는 어떠한 것들이 있을지 각자의 생각을 적어 보자.

▶
▶
▶
▶

갈등을 증폭시키는 원인으로 어떤 것이 있을지 각자의 생각을 적어 보자.

▶
▶
▶
▶

[활동 해설]
a. 갈등이란 서로의 의견차이 때문에 생기는 것으로 당사자 간에 가치, 규범, 이해, 아이디어, 목표 등이 서로 불일치하여 충돌하는 상태를 의미한다.
b. 갈등을 확인할 수 있는 단서에는 ① 지나치게 감정적으로 논평과 제안을 하는 것 ② 타인의 의견발표가 끝나기도 전에 타인의 의견에 대해 공격하는 것 ③ 핵심을 이해하지 못한 데 대해 서로 비난하는 것 ④ 편을 가르고 타협하기를 거부하는 것 ⑤ 개인적인 수준에서 미묘한 방식으로 서로를 공격하는 것 등이 있다.
c. 갈등을 증폭시키는 원인에는 ① 적대적 행동 ② 입장 고수 ③ 감정적 관여 등이 있다.

내용

[지도 방법]
학습자들이 갈등의 의미가 무엇인지, 갈등을 확인할 수 있는 단서는 무엇인지, 갈등을 증폭시키는 원인에는 어떠한 것들이 있는지에 대해서 학습할 수 있도록 주요 내용을 제시하고, 사례와 활동 간의 연관성을 찾도록 한다.

갈등(conflict)의 어원은 라틴어의 콘피게레(configere)인데, 이것은 '함께'라는 의미의 콘(con)과 '충돌이나 다툼'을 의미하는 피게레(figere)가 합쳐진 합성어로 개인이나 집단 간에 서로 충돌한다는 뜻을 가지고 있다. 일반적으로 조직을 구성하는 개인과 집단, 조직 간에 잠재적 또는 현재적으로 대립하고 마찰하는 사회적·심리적 상태를 말한다. 또한 한자로 갈등(葛藤)은 칡나무 '갈'자와 등나무 '등'자로, 이들이 서로 줄기를 비비 꼬면서 한데 뒤엉켜 뒤죽박죽으로 자라게 된다면 아무 쓸모가 없는 잡풀더미일 뿐만 아니라 무슨 수단을 쓴다 할지라도 이들을 헤쳐 풀어낼 방법이 없다는 것을 의미한다.

조직 내 다양한 개인들이 공통의 목적을 좇다 보면 의견차이가 발생할 수밖에 없으며, 이때 갈등은 불가피하다. 특히나 갈등이 고조되어 공통의 목적을 상실한 경우 뒤엉켜 버린 칡나무와 등나무의 줄기처럼 이를 풀어낼 방도가 없고 결과적으로 아무런 쓸모가 없는 비생산적인 결과를 가져올 수 있다. 하지만 갈등이 늘 부정적인 결과를 가져오는 것은 아니다. 갈등은 새로운 해결책을 만들어 주는 기회를 제공한다. 중요한 것은 갈등에 어떻게 반응하느냐 하는 것이다.

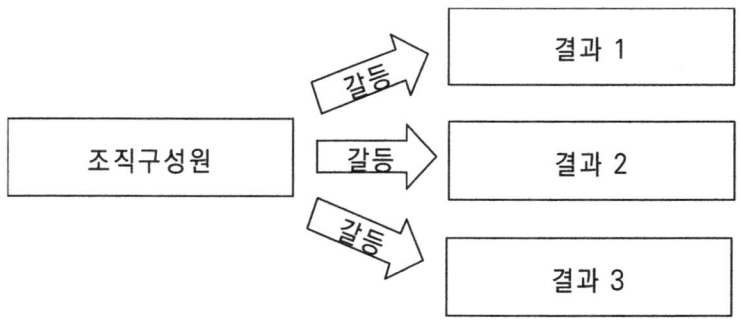

갈등이나 의견의 불일치는 불가피하며 본래부터 좋거나 나쁜 것이 아니라는 점을 인식하는 것이 중요하다. 갈등이 해결되지 않고 방치된다면 팀의 발전을 저해할 수 있다. 그러나 잘 관리한다면 갈등을 통해 합리적인 의사결정을 이끌어 낼 수 있다. 결국 당신과 조직이 갈등을 어떻게 관리하느냐에 따라 갈등의 결과는 달라진다.

다음의 〈그림〉은 갈등과 조직성과의 관계를 보여 준다. 갈등이 X1 수준일 때 조직의 직무성과가 가장 높아진다. 즉, 갈등수준이 전혀 없거나 낮을 때에는 조직 내부는 의욕이 상실되고 환경변화에 대한 적응력도 떨어져 조직성과가 낮아지게 된다. 그러나 갈등수준이 적정 (X1)할 때는 조직 내부에 생동감이 넘치고 변화 지향적이며 문제해결 능력이 발휘된다. 그 결과 조직성과는 높아지고(Y2), 갈등의 순기능이 작용한다.

마지막으로 갈등수준이 너무 높으면(X2) 조직 내부에 혼란과 분열이 생기고 조직에 비협조적이 된다. 그 결과 조직성과는 낮아지며(Y1), 갈등은 역기능을 한다. 그렇다면 갈등을 일으키는 단서는 무엇이며, 이러한 갈등을 증폭시키는 원인은 무엇일까?

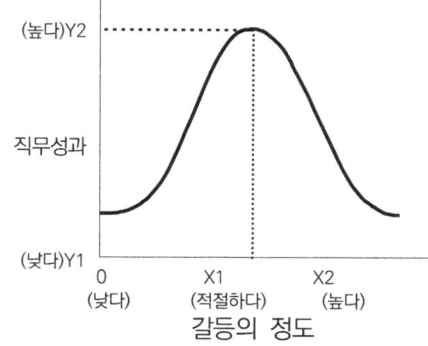

〈그림〉 갈등과 조직성과

① 갈등의 단서

당신은 우선 조직 내에 갈등이 존재하는지를 파악하고 깨닫는 일이 중요하다. 다음은 갈등을 파악하는 데 도움이 되는 몇 가지 단서들이다.

---
1. 지나치게 감정적으로 논평과 제안을 한다.
2. 타인의 의견발표가 끝나기도 전에 타인의 의견에 대해 공격한다.
3. 핵심을 이해하지 못한 것에 대해 서로 비난한다.
4. 편을 가르고 타협하기를 거부한다.
5. 개인적인 수준에서 미묘한 방식으로 서로를 공격한다.
---

② 갈등은 어떻게 증폭되는가?

갈등을 관리하고 해소하는 방법을 보다 잘 이해하기 위해서는 갈등을 증폭시키는 원인이 무엇인지 알 필요가 있다. 다음에 세 가지의 일반적인 원인이 제시되어 있다.

1. 적대적 행동
   - 팀원은 '승-패의 경기'를 시작한다.
   - 팀원은 문제를 해결하기보다는 '승리하기'를 원한다.

2. 입장 고수
   - 팀원은 공동의 목표를 달성할 필요성을 느끼지 않는다.
   - 팀원은 각자의 입장만을 고수하고, 의사소통의 폭을 줄이며, 서로 접촉하는 것을 꺼린다.

3. 감정적 관여
   - 팀원은 자신의 입장에 감정적으로 묶인다.

갈등을 즉각적으로 다루지 않는다면 나중에는 곪아터진다. 그렇게 되면, 갈등은 팀 성공을 저해하는 강력한 장애물이 될 것이다. 그러나 갈등이 존재한다는 사실을 인정하고 해결을 위한 조치를 취한다면, 갈등을 성공을 위한 하나의 기회로 전환시킬 수 있을 것이다. 당신이 갈등에 직접 관련된 팀원이든 갈등을 관찰하는 팀 리더이든 간에, 갈등을 해결하고자 한다면 갈등이 존재한다는 사실부터 인정해야 할 것이다.

교수자료 : 공공정책 갈등관리 의무화

박△△ 의원(○○정당)은 사회 내 갈등으로 인한 사회적 비용을 줄이기 위해, 기존 대통령령인 '공공기관의 갈등예방과 해결에 관한 규정'을 전체 공공기관으로 확대 적용하고, 갈등 해결을 위한 절차를 명확하게 의무화하는 취지의 '공공기관의 갈등 예방 및 해결에 관한 법률안'을 발의했다고 29일 밝혔다.

현행 대통령령인 '공공기관의 갈등예방과 해결에 관한 규정'은 2007년 2월 제정된 이후, 중앙행정기관의 갈등 예방과 해결에 관한 절차를 규정함으로써 중앙행정기관과 국민이 정책의 입안·결정·집행단계에서 발생하는 갈등을 대화와 타협, 참여와 협력으로 예방하거나 해결하는 데 어느 정도 역할을 해왔다.

구체적으로, 2007년부터 공공정책의 수립·결정 과정에 시민이나 이해관계자 등의 참여가 확대되고, 정부부처의 갈등 예방과 해결책무가 강화되었다. 규정에 따르면 정책입안단계에서는 갈등발생을 사전에 제거하기 위해 건교부 등 갈등빈발 부처에 갈등관리심의위원회를 민관합동으로 설치하고, 파급효과가 큰 주요정책은 갈등영향분석을 실시할 수 있도록 했다. 또 합의형성 촉진을 위해 합의회의, 시민배심원제, 공론조사 등 참여적 의사결정방법을 활용하도록 했다. 정책집행단계에서 발생한 갈등을 해결하기 위한 방법으로 사안별 갈등조정협의회를 구성, 중앙행정기관과 이해당사자, 시민 등이 대화와 협의를 통해 갈등을 원만하게 조정할 수 있도록 했다.

그러나 위 규정은 대통령령으로서 중앙행정기관만을 규율하는 등으로 인하여 전체 사회적 갈등의 문제를 해결하기에는 부족했다. 또한, 위 규정은 주민설명회나 공청회의 개최에 대해서는 규정되어 있지 않고, '갈등영향분석'과 '갈등관리심의위원회의 구성' 등에 대해 중앙행정기관의 재량사항으로만 규정해 적극적으로 갈등예방 및 해결 조치를 강구하지는 않았다는 단점이 있다.

박 의원은 "공공기관의 갈등 예방 및 해결에 관한 법률안이 전체 공공기관에서 공공정책으로 인한 사회적 갈등 예방 및 해결될 수 있기를 기대한다"고 법안발의의 목적을 밝혔다

출처 : 일간투데이, 2020. 6. 29일자
http://www.dtoday.co.kr/news/articleView.html?idxno=369600

 **갈등의 쟁점 및 유형**

실제로 갈등을 파악하는 일은 보기보다 매우 어렵다. 핵심적인 문제들이 대부분 갈등의 밑바닥에 깔려있기 때문에, 이러한 문제부터 해결하는 것이 필요하다. 직업생활 중 발생하는 갈등을 근본적으로 해결하려면 어떻게 해야 할까?

 사례

[지도 방법]
학습자들이 사례를 읽고 '실제로 존재하는 갈등'이 무엇인지 생각해 보도록 한다. 이 때 갈등에는 두 가지 쟁점이 있으며, 핵심 문제와 감정적 문제를 구분하는 것이 매우 중요함을 강조한다. 또한 사례를 읽고 스스로 핵심 문제를 구분해 낼 수 있는 분위기를 조성하도록 한다.

갈등의 해결

〈사례 A〉

앞서 [갈등의 의미와 원인] 학습활동 사례A에서 살펴보았던 R과 I의 사건에서는 R이 재고를 줄이기를 원하고 I가 반대함으로써 둘 사이의 갈등이 명확해졌다. R은 자신의 제안이 회사에 도움을 줄 것이라고 생각한 반면, I는 그렇지 않다고 생각했다. 만약 R이 갈등을 인정하지 않은 상태에서 갈등을 파악했더라면, 갈등은 더 커졌을 것이다.

〈사례 B〉

앞서 [갈등의 의미와 원인] 학습활동 사례B의 L과 K의 사건에서 팀 리더 M은 3명만의 모임을 별도로 가지는 것이 갈등을 해결하는 최선의 방법이라고 느꼈다. 그는 다음 날 미팅 계획을 세웠다. 미팅에서 M은 L이 자신이 배정받아야 한다고 생각했던 좋은 판매지역을 K가 배정받았다는 것 때문에 K를 매우 비난하고 있음을 알았다. K의 지역 배정에 대한 L의 분노는 팀 회의에서도 나타나 팀의 발전을 가로막고 있었다.

[사례 해설]
이 사례는 갈등을 해결하는 데 있어서 핵심 문제를 파악하는 것의 중요성을 보여 준다. 〈사례A〉에서는 R과 I가 갈등의 원인이 되는 핵심문제를 파악하고 있었기 때문에 갈등이 증폭되는 것을 방지할 수 있었다. 반면 〈사례B〉에서는 갈등의 원인이 되는 핵심 문제를 파악하려 하기 보다는 서로 감정적인 대응을 함으로써 갈등 해결에 어려움을 겪고 있었다.

활동

[지도 방법]
이 활동은 갈등을 잘 해결하기 위해 학습자들이 자신의 사고 패러다임을 점검해 볼 수 있는 활동이다. 이를 해결하기에 앞서 자신의 사고방식을 점검하는 것이 매우 중요하다는 것을 강조한다. 학습자들이 활동의 빈칸을 직접 작성하여 발표하도록 한 후, 활동이 의미하는 바를 알려준다.

실제로 존재하는 갈등을 파악하기 위해서는 먼저 자신의 사고 패러다임을 점검하는 것이 중요하다. 기존에 가지고 있는 선입견은 가능한 것, 현실적인 것, 필요한 것에 대한 관점을 제한하기 때문에 갈등을 올바르게 파악하는 데 걸림돌이 된다.

따라서 어떠한 갈등이 생긴다면 이를 해결하기에 앞서 자신의 사고방식을 점검하도록 한다. 이를 통해 성공적인 갈등 해결을 방해하는 자신만의 편견에는 어떤 것들이 있는지 짚고 넘어갈 수 있을 것이다.

💡 일반적으로 갈등상황에 대해 어떠한 사고방식을 가지고 있는지 적어 보자.(예: "대립적인 상황에서 누군가가 이기고, 다른 사람이 져야 게임이 끝난 것이다.", "갈등은 개인적인 감정에서 비롯된다.")

| |
| |
| |

💡 최근에 겪은 혹은 기억에 남는 갈등 상황에 대해 생각해 보면서, '상대방'을 어떻게 생각하고 있는지 적어보자.(예: "그 사람과 해결을 보는 유일한 방법은 내가 원하는 바를 확실히 말하고, 절대 빈틈을 타고 들어오지 못하도록 하는 것이다. 안 그러면, 내가 온통 뒤집어 쓸 것이다.")

나는 어떤가 :

💡 위와 같은 상황에서 자기 자신을 어떻게 생각하는지 적어 보자.(예: "이 상황에 대해 내가 할 수 있는 것은 아무것도 없다. 갈등을 피할 수 없다. 그녀는 나를 감정적으로 만들기 때문에 언젠가는 서로 싸우게 될 것이다")

나는 어떤가 :

[활동 해설]

갈등을 잘 해결하려면 사고방식, 즉 패러다임을 전환할 수 있어야 한다. 여기에서는 일반적으로 대립에 직면하는 상황에 대한 패러다임, 자신만의 극복 노하우에 대한 패러다임에 대해 생각해 보게 한다. 이를 통해 성공적인 갈등 해결을 방해하는 자신만의 편견에는 어떤 것들이 있는지 짚고 넘어갈 수 있을 것이다.

부정적인 패러다임을 버리고, 더 긍정적인 것으로 바꾸는 데 도움이 되는 세 가지 테크닉은 생각의 전환, 역지사지의 정신, 긍정적인 태도로 요약된다. 이러한 기술을 발전시킨다면 정신적으로 폐쇄된 관점에서 벗어나 더욱더 개방적인 관점으로 향할 수 있다. 개방적이 되면 윈윈전략으로 갈등 해결에 성공할 확률이 높아질 수 있다.

내용

> **[지도 방법]**
> 학습자들이 갈등의 두 가지 쟁점은 무엇인지, 갈등의 두 가지 유형은 무엇인지에 대해서 학습할 수 있도록 주요 내용을 제시하고, 사례와 활동 간의 연관성을 찾도록 한다.

갈등을 효과적으로 해결하기 위해서는 갈등을 차근차근 탐색하여야 한다. 실제의 갈등을 파악하는 일은 보기보다 매우 어렵다. 갈등은 핵심적인 문제나 감정적인 문제들에서 생겨나게 된다.

① 갈등의 두 가지 쟁점

모든 갈등에는 두 가지 쟁점들이 서로 중복되거나 교차한다. 주된 갈등이 어떤 일을 하는 방법에 기인한 것이라고 할지라도, 자존심을 위협하거나 질투를 유발하는 것과 같은 감정적인 문제들이 갈등의 강도를 높일 수 있다.

핵심 문제	감정적 문제
• 역할 모호성 • 방법에 대한 불일치 • 목표에 대한 불일치 • 절차에 대한 불일치 • 책임에 대한 불일치 • 가치에 대한 불일치 • 사실에 대한 불일치	• 공존할 수 없는 개인적 스타일 • 통제나 권력 확보를 위한 싸움 • 자존심에 대한 위협 • 질투 • 분노

핵심적인 문제들(예: 업무과제에 대한 불일치)은 대부분 갈등의 밑바닥에 깔려 있는 반면에, 감정적인 문제들은 갈등을 복잡하게 만든다. 예를 들어, 어느 한 사람이 특정 과제(핵심 문제)를 맡았을 때 다른 사람은 조직이 자신을 알아주지 않는다고 느끼고 화가 날 수 있다(감정적 문제). 갈등을 해결하기 위해서는 핵심적인 문제부터 해결해야 한다.

② 갈등의 두 가지 유형

갈등에는 두 가지 유형이 있다. 두 가지를 명확히 구별하고 그 유형들을 각기 독립적으로 다루면, 문제를 훨씬 수월하게 해결할 수 있다.

첫 번째 유형은 '불필요한 갈등'이다. 개개인이 저마다 문제를 다르게 인식하거나 정보가 부족한 경우, 편견 때문에 발생한 의견 불일치로 적대적 감정이 생길 때 불필요한 갈등이 일어난다.

당신이 중요하게 생각하는 문제가 타인으로 인해 해결되지 못한다는 생각이 들 때, 불필요한 갈등이 야기된다. 불필요한 갈등은 아래와 같은 상황에서 일어날 수 있다.

- 근심걱정, 스트레스, 분노 등의 부정적인 감정
- 잘못 이해하거나 부족한 정보 등 전달이 불분명한 커뮤니케이션
- 편견, 변화에 대한 저항, 항상 해오던 방식에 대한 거부감 등에서 나오는 의견 불일치

특히나, 관리자의 신중하지 못한 태도로 인해 갈등이 발생했을 때, 불필요한 갈등이 심각한 수준에 이를 수 있다. 리더들조차 이러한 갈등을 해결하지 못할 때가 많다. 이러한 갈등을 예방하고 줄이고 통제할 수 있는 방법들을 반드시 찾아야 한다. 갈등의 원인을 먼저 확인하고 해결할 방법을 결정한 다음, 상황을 어떻게 마무리할 것인가를 정한다.

두 번째 유형은 '해결할 수 있는 갈등'이다. 목표와 욕망, 가치, 문제를 바라보는 시각과 이해하는 시각이 다를 경우에 일어날 수 있는 갈등이다. 이러한 갈등은 상대를 먼저 이해하고, 서로가 원하는 것을 만족시켜 주면 저절로 해결된다. 두 사람이 정반대되는 욕구나 목표, 가치, 이해에 놓였을 때는 해결 가능한 갈등이 일어난다. 대표적인 예로, 같은 팀에 몸담고 있지만 다른 부서 출신인 두 명의 직원이 문제의 원인에 대해 서로 다른 견해를 가지고 있는 경우를 꼽을 수 있다. 두 사람 모두 상대방에게 문제에 대한 책임이 있다고 생각할 것이다.

갈등은 한 순간에 발생하여 끝나는 것이 아니다. 사소한 문제라고 생각했던 것이 생각지 않게 큰 문제가 되어 어려움을 겪기도 한다. 갈등의 과정은 다음과 같이 몇 가지 단계를 거치면서 진행된다.

1. 의견 불일치
   인간은 다른 사람들과 함께 부딪치면서 살아가게 되는데, 서로 생각이나 신념, 가치관이 다르고 성격도 다르기 때문에 다른 사람들과 의견의 불일치를 가져온다. 많은 의견 불일치는 상대방의 생각과 동기를 설명하는 기회를 주고 대화를 나누다 보면 오해가 사라지고 더 좋은 관계로 발전할 수 있지만, 사소한 오해로 인한 사소한 갈등이라도 그냥 내버려 두면 심각한 갈등으로 발전하게 된다.

2. 대결 국면
의견 불일치가 해소되지 않으면 대결 국면으로 빠져들게 된다. 이 국면에서는 이제 단순한 해결 방안은 없고 제기된 문제들에 대하여 새로운 다른 해결점을 찾아야 한다. 일단 대결국면에 이르게 되면 감정이 개입되어 상대방의 주장에 대한 문제점을 찾기 시작하고, 자신의 입장에 대해서는 그럴듯한 변명으로 옹호하면서 양보를 완강히 거부하는 상태에까지 이르게 된다. 즉, 상대방의 입장은 부정하면서 자기주장만 하려고 한다. 서로의 입장을 고수하려는 강도가 높아지면서 서로간의 긴장은 더욱 높아지고 감정적인 대응이 더욱 격화되어 간다.

3. 격화 국면
격화 국면에 이르게 되면 상대방에 대하여 더욱 적대적인 현상으로 발전해 나간다. 이제 의견일치는 물 건너가고 설득을 통해 문제를 해결하려고 하기보다는 강압적, 위협적인 방법을 쓰려고 하며, 극단적인 경우에는 언어폭력이나 신체적인 폭행으로까지 번지기도 한다. 상대방에 대한 불신과 좌절, 부정적인 인식이 확산되면서 다른 요인들에까지 불을 붙이는 상황에 빠지기도 된다. 이 단계에서는 상대방의 생각이나 의견, 제안을 부정하고, 상대방은 그에 대한 반격으로 대응함으로써 자신들의 반격을 정당하게 생각한다.

4. 진정 국면
시간이 지나면서 정점으로 치닫던 갈등이 점차 감소하는 진정 국면에 들어선다. 계속되는 논쟁과 긴장이 귀중한 시간과 에너지만 낭비하고 이러한 상태가 무한정 유지될 수 없다는 것을 느끼고 점차 흥분과 불안이 가라앉고 이성과 이해의 원상태로 돌아가려 한다. 그러면서 협상이 시작된다. 협상과정을 통해 쟁점이 되는 주제를 논의하고 새로운 제안을 하고 대안을 모색하게 된다. 이 단계에서는 중개자, 조정자 등의 제3자가 개입함으로써 갈등 당사자 간에 신뢰를 쌓고 문제를 해결하는데 도움이 되기도 한다.

5. 갈등의 해소
진정 국면에 들어서면 갈등 당사자들은 문제를 해결하지 않고는 자신들의 목표를 달성하기 어렵다는 것을 알게 된다. 물론 경우에 따라서는 결과에 다 만족할 수 없는 경우도 있지만 어떻게 해서든지 서로 일치하려고 한다.
서로 간에 쌓인 갈등의 해소는 회피형, 지배 또는 강압형, 타협형, 순응형, 통합 또는 협력형 등의 방법으로 이루어진다(장동운, 2009).

갈등 해결 방안

갈등을 효과적으로 해결하기 위해서는 각자의 입장을 탐색하고 의사소통 채널을 개방하며, 다른 사람들을 참여시키는 것이 중요하다. 특히 갈등을 성공적으로 해결하기 위해서는 쟁점의 양 측면을 모두 이해하는 것이 중요하다. 직업생활 중 발생하는 갈등을 해결하기 위한 방법을 함께 모색하여 보자.

 사례

[지도 방법]
학습자들이 사례를 읽고 갈등을 효과적으로 해결하기 위한 방법에 대해서 각자 생각해 보도록 한다. 이 때 우리는 끊임없이 갈등을 겪지만, 서로의 입장을 공유하고 개방적인 마음으로 의사소통하면 보다 손쉽게 갈등을 해결할 수 있음을 강조한다. 또한 사례를 읽고 스스로 갈등 해결 방법을 생각할 수 있는 분위기를 조성하도록 한다.

다양한 갈등 해결 방법

S병원에서 외과 전문의로 일하고 있는 K박사는 골절과 외상에 대한 수많은 수술을 집도하면서 권위 있는 전문의사로 정평이 나 있다. 그 명성을 듣고 최근 환자들이 몰려들어 입원실이 부족할 지경이고 수술에 필요한 모르핀, 주사바늘, 수술가위 등의 재료와 의료기구가 부족하여 자재과에 열흘 전에 주문해 놓았지만 아직 입고되지 않아 두  차례나 독촉한 상태이다. 자재과를 책임지고 있는 L과장은 이런 상황에 대해 난감해하고 있다. 자재창고의 공간이 부족할 뿐만 아니라 각 부서별로 자재주문이 들어온 순서대로 처리하도록 규정되어 있기 때문에 K박사의 구매주문보다 빠른 주문이 아직 다섯 가지나 있다. L과장이 월요일 총무부 회의를 마치고 왼쪽에서 붐비는 병원 로비로 걸어 나오는데, 오른쪽 복도 끝에서 K박사가 다가오는 것을 보았다.

(사례 계속)

〈사례 A〉

병원 로비로 걸어 나오던 L과장은 멈칫하며 순간 어쩌나 하다가 오른쪽 복도로 가지 않고 K박사를 피해서 북쪽 다른 복도를 이용하여 돌아서 자재과로 갔다.

〈사례 B〉

K박사가 L과장을 보더니 언제부터 직접 만나 따져서 물어보려고 했는데 잘 되었다며 로비로 걸어 나와 재빨리 L과장을 막아서고는 자재주문이 어떻게 되었냐며 다그쳐 물었다. L과장은 병원 규정대로 주문건수를 해결하고 있으나 그 전에 주문 들어온 걸 리하느라 아직 구매할 수 없다고 했다. K박사는 화를 내면서 많은 수술환자가 대기하고 있는데, 당장 주문서를 처리하지 않으면 원장에게 보고하여 문책하도록 하겠다고 협박하였다. L과장은 병원 규정을 무시하면서 수술용 의료자재를 먼저 구매해 줄 수 없으니 원장에게 보고하든지 말든지 마음대로 하라고 반박했다.

〈사례 C〉

L과장은 K박사가 성격이 불같고 자기에게 귀찮게 하는 사람을 수단 방법을 가리지 않고 응징하는 위인이라고 생각하면서 이번 외과 자재주문을 규정을 위반해서라도 내일 당장 처리해 주겠으니 하루만 기다려 달라며 K박사를 달랬다.

〈사례 D〉

K박사가 난리법석을 떨며 L과장을 협박하였지만 L과장도 호락호락하지 않았다. 30분간 두 사람이 옥신각신하다가 K박사는 다른 건 다 양보할 테니 모르핀만은 내일까지 좀 구매해 달라고 부탁하자 L과장은 병원 규정을 어길 순 없지만 모르핀만은 직권으로 구매해 주겠다고 마지못해 응답했다.

〈사례 E〉

K박사의 다급한 부탁을 받고 L과장은 환자들에게 불편을 주지 않고 수술을 받을 수 있도록 하는 것이 병원 이미지와 발전에 매우 중요하다는 인식을 공감하였다. 그래서 L과장은 M총무부장과 상의한 결과 외과의 긴급 상황을 원장에게 보고하여 재가를 받아서 처리해 보자는 답변을 받았다. 그래서 K박사는 수술환자 대기상태와 자재부족의 실태를 자세히 작성하여 결재를 받게 되었다. 비록 이틀이 걸렸지만 외과 K박사와 자재가 L과장이 모두 만족하는 윈-윈의 결과를 얻을 수 있었다(원창희, 2012).

[사례 해설]

이 사례는 갈등 해결 모색과 관련된 5가지 사례이다. 사례A에서는 회피형(avoiding)으로 개인의 갈등상황으로부터 철회 또는 회피하는 것으로, 상대방의 욕구와 본인의 욕구를 모두 만족시킬 수 없게 된다. 사례B는 경쟁형(Competing)으로 상대방의 목표달성을 희생시키면서 자신의 목표를 이루기 위해 전력을 다하는 전략이다. 사례C는 수용형(accomodating)으로 상대방의 관심을 충족하기 위하여 자신의 관심이나 요구는 희생함으로써 상대방의 의지에 따르는 경향을 보인다. 사례D는 타협형(compromising)으로 서로가 받아들일 수 있는 결정을 하기 위하여 타협적으로 주고받는 방식(give and take)을 말한다. 마지막으로 사례E는 통합형(integrating)으로 문제해결을 위하여 서로 간에 정보를 교환하면서 모두의 목표를 달성할 수 있는 윈-윈 해법을 찾는다. 이중 통합형이 가장 바람직한 갈등 해결 유형이라 할 수 있다.

활동

[지도 방법]
이 활동은 학습자들이 다양한 관점에서 문제를 바라보면서 갈등을 해결할 수 있도록 도와주는 활동이다. 이 때 갈등 해결을 위해서는 역지사지의 입장에서 상대방의 느낌과 시각으로 문제를 바라보는 것이 매우 중요함을 강조한다. 학습자들이 빈칸을 직접 작성하여 발표하도록 한 후, 활동이 의미하는 바를 알려준다.

위에 제시된 사례를 읽고, 각각의 갈등 해결 방법에 대하여 자신이 느낀 점을 자유롭게 적어 보자. 그리고 위의 사례들 중 자신이 선택할 가능성이 가장 높은 반응은 어떤 유형일까?

사례	사례를 통해 느낀 점
A	• • •
B	• • •
C	• • •
D	• • •
E	• • •

현재 혹은 과거 당신이 경험한 갈등 상황을 생각하면서 '윈-윈 갈등 관리법' 워크시트를 작성하면서 최선의 갈등 해결책을 선택하여 보자.

1단계: 충실한 사전 준비
- 자신의 위치와 관심사를 적어 보자(예: 원하는 것이 무엇인가? 왜 그것을 원하는가?).

- 상대방이 피력한 입장과 드러내지 않은 관심사를 적어 보자.

2단계: 긍정적인 접근 방식
- 상대방이 필요로 하는 것에 대해 생각해 보았다는 점을 인정해 보자(예: "너에게 중요한 것이 무엇인지 생각해 봤어. 너는 이러이러한 것을 원하는 것 같은데, 맞지?").
- 누이 좋고 매부 좋게 하려는 '윈-윈 의도'를 명시해 보자(예: "나는 우리 모두에게 만족스러운 해결책을 찾고 싶어.").
- 윈-윈 절차, 즉 협동적인 절차에 임할 자세가 되어 있는지 알아보자(예: "우리 모두에게 만족스러운 해결책을 찾기 위해 나와 노력할 의사가 있는가?").

3단계: 두 사람의 입장을 명확히 하기
- 어떤 부분이라도 동의하는 것이 있으면 인정해 보자(예: "우리가 서로 동의하는 부분을 검토해 보자. 우리가 원하는 것은 이러이러한 것이지?").
- 기본적으로 다른 부분을 인정해보자(예: "우리가 서로 다른 부분을 검토하자. 네가 바라는 것은 이렇고, 내가 바라는 것은 이렇다.").
- 자신이 이해한 바를 점검하자(예: "네 생각이 바로 이런 것이니?").

4단계: 윈-윈에 기초한 기준에 동의하기
- 상대방에게 중요한 기준을 명확히 하자(예: "만약 합당한 개런티가 보장되고 작년 계약 비용의 10%가 넘지 않으면, 무리 없이 동의하고 2주 안에 실행할 수 있다는 말이지?").
- 자신에게 어떤 기준이 중요한지 말해 보자(예: "내가 중요시하는 것은 우리가 동의한 방법으로 빨리 실행하는 것과, 현재의 요금 정책에 부합하게 하고, 그리고 내년 업무 체계에 부합할 수 있는 것이야.").

5단계: 몇 가지 해결책을 생각해 내기
- 해결책에 대해 함께 브레인스토밍 해보기.

6단계: 해결책 평가하기
- 4단계에서 세운 기준을 바탕으로 5단계에서 생각해 낸 몇 가지 해결책들을 평가해 보기

7단계: 최종 해결책을 선택하고, 실행하는 것에 동의하기

[활동 해설]
대립적인 상황에 대한 사고방식을 바꾸기 위해서는 자신이 상대방의 입장이라면 어떠할 지 머릿속으로 그림을 그려보는 것이 중요하다. 그러면 감정이입이 되고, 그 사람의 입장에서 상황을 보게 된다. 역지사지는 감정이입을 요하며, 상대방의 느낌을 느껴야 하고 상대방의 시각으로 봐야 한다. 익히기에 쉽지는 않지만, 갈등 해결에 확실한 도움을 줄 수 있다.

내용

[지도 방법]
학습자들이 갈등 해결 방법을 모색할 때 고려해야 할 사항들에 대해서 학습할 수 있도록 주요 내용을 제시하고, 사례와 활동 간의 연관성을 찾도록 한다. 또한 학습자들이 '윈-윈 (Win-Win) 전략'의 의미가 무엇인지, 윈-윈 전략에 의거한 갈등 해결 7단계는 무엇인지에 대해서 학습할 수 있도록 주요 내용을 제시하고, 사례와 활동 간의 연관성을 찾도록 한다.

다양한 갈등 상황에서 반응하는 갈등 해결 방법에는 회피형, 경쟁형, 수용형, 타협형, 통합형(협력형) 등 다섯 가지 유형으로 구분해 볼 수 있다.

1. 회피형(avoiding)
   회피형은 자신과 상대방에 대한 관심이 모두 낮은 경우로서, 갈등 상황에 대하여 상황이 나아질 때까지 문제를 덮어두거나 위협적인 상황에서 피하고자 하는 경우를 말한다. 회피형은 개인의 갈등상황으로부터 철회 또는 회피하는 것으로, 상대방의 욕구와 본인의 욕구를 모두 만족시킬 수 없게 된다. 이 전략은 '나도 지고 너도 지는 방법(I lose-You lose)'이라고도 한다.

2. 경쟁형(competing)
   경쟁형은 지배형(dominating)이라고도 하는데, 자신에 대한 관심은 높고 상대방에 대한 관심은 낮은 경우로서 '나는 이기고 너는 지는 방법(win-lose)'을 말한다. 경쟁형은 상대방의 목표 달성을 희생시키면서 자신의 목표를 이루기 위해 전력을 다하는 전략이다. 이 방법은 제로섬(zero sum) 개념을 의미한다.

3. 수용형(accomodating)
   수용형은 자신에 대한 관심은 낮고 상대방에 대한 관심은 높은 경우로서 '나는 지고 너는 이기는 방법(I lose-You win)'을 말한다. 이 방법은 상대방의 관심을 충족하기 위하여 자신의 관심이나 요구는 희생함으로써 상대방의 의지에 따르는 경향을 보인다. 이 방법은 상대방이 거친 요구를 해오는 경우에 전형적으로 나타나는 반응이다.

4. 타협형(compromising)
   타협형은 자신에 대한 관심과 상대방에 대한 관심이 중간 정도인 경우로서, 서로가 받아들일 수 있는 결정을 하기 위하여 타협적으로 주고받는 방식(give and take)을 말한다. 즉, 갈등 당사자들이 반대의 끝에서 시작하여 중간 정도 지점에서 타협하여 해결점을 찾는 것이다. 갈등 당사자 간에 불신이 클 때에는 이 방법은 실패한다.

> 5. 통합형(integrating)
> 통합형은 협력형(collaborating)이라고도 하는데, 자신은 물론 상대방에 대한 관심이 모두 높은 경우로서 '나도 이기고 너도 이기는 방법(win-win)'을 말한다. 이 방법은 문제해결을 위하여 서로 간에 정보를 교환하면서 모두의 목표를 달성할 수 있는 원-원 해법을 찾는다. 아울러 서로의 차이를 인정하고 배려하는 신뢰감과 공개적인 대화를 필요로 한다. 통합형이 가장 바람직한 갈등해결 유형이라 할 수 있다.

갈등을 성공적으로 해결하기 위해서는 쟁점의 양 측면을 모두 이해해야 한다. 내성적이거나 자신을 표현하는 데 서투른 팀원을 격려해 주는 것이 중요하며, 이해된 부분을 검토하고 누가 옳고 그른지에 대해 논쟁하는 일은 피하는 것이 좋다.

또한, 갈등이 사람들의 수행에 어떻게 영향을 미치는지를 토의해 보는 것이 좋다. 느낌이나 성격이 아니라 사실이나 행동에 초점을 두어야 한다. '비난'의 행동은 감정을 야기해서 사람들이 이에 주목하게 만든다.

비난을 피하기 위해 조직원들이 차이점보다는 유사점을 파악하도록 도움을 주는 것이 필요하다. 유사점을 강조하면 갈등의 당사자들이 공통의 토대 위에서 만날 수 있게 된다. 차이점이 있다면 차이의 본질에 대해 이해하는 것이 필요하다. 갈등 해결 방법을 조직원들과 함께 모색할 때는 다음 사항을 명심하여야 할 것이다.

> 1. 다른 사람들의 입장을 이해한다. 사람들이 당황하는 모습을 자세하게 살핀다.
> 2. 어려운 문제는 피하지 말고 맞선다.
> 3. 자신의 의견을 명확하게 밝히고 지속적으로 강화한다.
> 4. 사람들과 눈을 자주 마주친다.
> 5. 마음을 열어놓고 적극적으로 경청한다.
> 6. 타협하려 애쓴다.
> 7. 어느 한쪽으로 치우치지 않는다.
> 8. 논쟁하고 싶은 유혹을 떨쳐낸다.
> 9. 존중하는 자세로 사람들을 대한다.

이렇게 각자의 입장을 탐색하고 의사소통 채널을 개방하며, 다른 사람들을 참여시켜서 개방적으로 토의하게 되면 가능한 대안과 정보의 폭을 넓힐 수 있고 토의에 참여하는 사람들은 보다 신뢰할 수 있고 건강한 관계를 형성할 수 있을 것이다.

조직원들이 갈등을 해결하기 위한 방법을 논의한 다음에는 한 가지 해결책을 정하게 된다.

이때 조직원들은 가능하면 모두가 편안한 마음으로 해결책을 얻을 필요가 있다. 따라서 모임도 공동으로 문제를 해결하는 회합이 되어야 한다. 즉, 어느 누구도 다른 사람에게 문제해결 방법을 지시해서는 안 된다. 합의를 강요할 수는 없는 것이다.

  문제해결을 위해 서로의 관점과 공동의 책임을 수용하도록 하는 한 가지 방법은 팀원들에게 서로의 역할을 바꾸어서 수행해 보도록 하는 것이다. 이를 바탕으로 우리는 갈등 문제의 본질적인 해결책이 될 수 있는 '윈-윈(Win-Win) 전략'을 사용할 수 있다. '윈-윈(Win-Win) 전략'은 서로가 원하는 바를 얻을 수 있기 때문에 이 방법은 성공적인 업무관계를 유지하는 데 매우 효과적이다. 윈-윈 해결책에 도움이 되는 갈등 해결 방식에는 몇 가지 모델이 있다. 각각은 상호 대립적인 상황을 만족스럽게 해결하기 위해 밟아야 할 구체적인 단계를 설명해 주고 있다.

  어떤 모델을 적용할지 미리 결정하는 것보다 팀 내에서 대립이 있을 때마다 적절한 모델을 적용하는 것이 더 중요하다. 일단 이렇게 시작하면 대화를 시작하는 것에 대한 두려움이 별로 안 생기고, 상호 의견 교환에 있어 더 자신감이 붙는다. 동기부여가 충분한 사람들도 주도권을 놓칠까봐 우려하거나, 어떻게 상호 절충안을 마련할지 감이 안 잡힐 경우, 갈등을 굳이 해결하려고 하지 않는다.

  팀에서 특정한 모델을 사용하기로 동의하면, 사람들은 어떻게 상호작용이 진행될지 예상할 수 있다. 이미 합의된 절차를 취하기로 한 것이기에, 생소함에서 오는 두려움은 줄어든다. 각 단계마다 발생하는 문제만 잘 처리하면 되는 것이다. 대립 당사자들은 지향점, 즉 상호 만족하는 해결책을 알고 있고, 각 단계 절차를 숙지하고 있다.

  팀에서 특정한 갈등 해결 모델을 사용하는 데 서로가 동의할 때 팀 내의 갈등이 감소하게 마련이다. 다음은 한 가지 모델에 대한 개요이다.

1단계 : 충실한 사전 준비
- 비판적인 패러다임 전환
- 자신의 위치와 관심사 확인
- 상대방의 입장과 드러내지 않은 관심사 연구

2단계 : 긍정적인 접근 방식
- 상대방이 필요로 하는 것에 대해 생각해 보았다는 점을 인정
- 자신의 '윈-윈 의도' 명시
- 윈-윈 절차, 즉 협동적인 절차에 임할 자세가 되어 있는지 알아보기

3단계 : 두 사람의 입장을 명확히 하기
- 동의하는 부분 인정하기
- 기본적으로 다른 부분 인정하기
- 자신이 이해한 바를 점검하기

4단계 : 윈-윈에 기초한 기준에 동의하기
- 상대방에게 중요한 기준을 명확히 하기
- 자신에게 어떠한 기준이 중요한지 말하기

5단계 : 몇 가지 해결책을 생각해 내기

6단계 : 몇 가지 해결책 평가하기

7단계 : 최종 해결책을 선택하고, 실행하는 것에 동의하기

  그러나 당사자들이 윈-윈 해결책을 모색하려 하지 않으면, 어떤 모델도 효과가 없다. 다시 말해서 대립을 조정할 수 있으면 효과를 본 것이고, 이전과 다름없으면 헛수고인 셈이다. 팀 리더의 영향력과 좋은 의도를 가진 동료 간의 압력은 협동정신을 토대로 문제를 해결하는 데에 동기부여가 될 수 있다.

  지향해야 할 것은 장기간의 대인관계에 해가 되지 않도록 하는 과정을 통해 상호적으로 만족할 만한 해결책을 모색하는 것이다. 그 과정에서 자신의 주장만 밀고 나간다면, 대립에서 승자가 될지는 모르지만 결국에는 패하게 된다. 자신의 관심사를 직시하고, 상대의 관심사를 경청할 용의가 있으며, 상호적으로 만족할 만한 해결책을 모색하려는 굳건한 자세가 윈-윈 전략에 요구된다.

학습정리

[활용 방법]
학습자들이 '학습모듈 F-2-다. 갈등관리능력'에서 학습한 내용을 스스로 정리할 시간을 준다. 일정 시간이 지난 후 이해가 되지 않는 부분은 질문을 하도록 유도하고, 핵심적인 내용을 다시 한번 정리하여 준다.

1. 갈등이란 상호간에 의견 차이 때문에 발생하게 된다. 목표를 달성하기 위해 노력하는 팀이라면 갈등은 항상 일어나게 마련이다. 그러나 이러한 의견 차이는 항상 부정적인 것만은 아니다.

2. 갈등을 확인할 수 있는 단서에는 ① 지나치게 감정적인 논평과 제안 ② 타인의 의견발표가 끝나기도 전에 타인의 의견에 대해 공격 ③ 핵심을 이해하지 못한 것에 대해 서로 비난 ④ 편을 가르고 타협하기를 거부 ⑤ 개인적인 수준에서 미묘한 방식으로 서로를 공격하는 것 등이 있다.

3. 갈등을 증폭시키는 원인에는 ① 적대적 행동 ② 입장 고수 ③ 감정적 관여 등이 있다.

4. 갈등의 두 가지 쟁점은 핵심 문제와 감정적 문제로 구분할 수 있다.

5. 갈등의 두 가지 유형은 불필요한 갈등과 해결할 수 있는 갈등으로 구분할 수 있다.

6. 갈등 해결 방법 모색 시 명심해야 할 사항으로는 ① 다른 사람들의 입장 이해하기 ② 어려운 문제는 피하지 말고 맞서기 ③ 자신의 의견을 명확하게 밝히고 지속적으로 강화하기, ④ 사람들과 눈을 자주 마주치기 ⑤ 마음을 열어놓고 적극적으로 경청하기 ⑥ 타협하려 애쓰기 ⑦ 어느 한쪽으로 치우치지 않기 ⑧ 논쟁하고 싶은 유혹을 떨쳐내기 ⑨ 존중하는 자세로 사람들을 대하기 등이 있다.

7. 윈-윈(Win-Win) 전략이란 갈등과 관련된 모든 사람으로부터 의견을 받아서 문제의 본질적인 해결책을 얻는 것을 의미한다.

학습모듈 F-2-라
협상능력 지도

미국의 학자 Cohen이 '세상은 거대한 협상 테이블이며, 우리는 모든 것을 협상할 수 있다'라고 말한 데서 알 수 있듯이, 우리의 생활은 협상의 연속이며, 협상을 통해 의사결정을 하게 된다.

협상은 시·공간을 초월하여 끊임없이 발생하고 있으며, 가정에서, 회사에서, 정부에서 또는 국가에서 어느 시간, 어느 공간에서도 전개될 수 있다. 특히 수직적인 조직 문화가 수평적인 조직 문화로 변화해 가는 과정에서 우리는 크고 작은 여러 의사결정을 내려야 한다. 이때, 협상능력의 함양은 효과적인 의사결정을 위해 필수적이며, 이에 초점을 맞추어 지도하여야 한다.

지도계획

● 학습모듈 F-2-라 지도계획

학습주제	협상능력
학습목표	직업생활에서 협상 가능한 목표를 세우고, 상황에 맞는 협상전략을 선택하여 다른 사람과 협상하는 능력을 기를 수 있다.
지도시간	2~3시간
교수자료	학습자용 가이드북, 교수자용 가이드북, 프레젠테이션 자료, 신문기사, 인터넷

● 학습활동별 지도계획

학습활동		소요시간	주요내용	유의점
B1	협상의 의미	30~40분	협상의 어원 다양한 차원에서의 협상의 정의	사례 및 활동을 통해 협상의 의미 파악
R2	협상의 과정	30~50분	협상의 5단계 협상의 3단계	사례 및 활동을 통한 협상 과정 이해
A1	협상 전략의 종류	30~50분	협력전략, 유화전략 회피전략, 강압전략	사례 비교 및 활동을 통한 다양한 협상 전략에 대한 논의

학습활동 지도

협상의 의미

우리의 생활은 협상의 연속이며, 협상을 통해서 의사결정을 하게 된다. 예컨대, 일상에서 흔히 일어날 수 있는 경우인 '저녁 외식에서 무엇을 먹을 것인가'를 두고 자녀와 의견대립이 있는 상황도 협상을 통해서 해결하게 된다. 직업생활에서 흔히 일어나는 협상이란 무엇인지 알아보자.

 사례

[지도 방법]
학습자들이 사례를 읽고 협상의 의미가 무엇인지 생각해 보도록 한다. 이 때 우리의 생활은 항상 협상의 연속이며, 모든 의사결정은 협상을 통해서 이루어지는 것임을 강조한다. 또한 사례를 읽고 스스로 협상의 의미를 생각할 수 있는 분위기를 조성하도록 한다.

일상생활에서 흔히 볼 수 있는 협상

〈사례 A〉

남편 : 오늘 저녁은 외식을 할까? 오랜만에 근사한 레스토랑에서 칼질하는 건 어때?

아내 : 분위기 내는 건 좋지만, 이번 달은 생활비가 부족해요. 스테이크를 먹고 나면 생활비가 더 부족해지니까 그냥 집에서 저녁을 해 먹어요.

남편 : 당신은 언제나 돈 생각만 하는군. 돈을 너무 아끼는 것 아냐? 쓰라고 버는 돈인데, 너무 돈만 아끼니 사는 재미가 없잖아. 나도 가끔은 적당히 여유를 즐기는 삶을 누리고 싶어.

아내 : 여보, 우리도 언젠가는 멋지게 외식하고 근사한 곳으로 여행 다닐 만큼 돈이 모일 거예요. 그러기 위해서는 아낄 때는 아껴야 한다고요. 아! 냉장고에 스테이크가 있어요. 비싼 레스토랑에 가는 대신에 집에서 좋아하는 음악을 들으면

(사례 계속)

서 스테이크를 굽고, 집에 있는 와인이랑 함께 먹는 건 어때요? 그럼 돈도 절약하고 우리 둘 다 원하는 분위기 있는 저녁 식사도 할 수 있을 것 같은데?
남편 : 음, 그거 좋은 생각이야. 당신과 결혼하길 정말 잘했어. 역시 당신은 현명해!

〈사례 B〉

K씨와 M사장 사이에 임금 문제로 갈등을 겪고 있었다. K씨는 자신이 바라는 수준의 임금을 쟁취하기 위해서 사장을 설득하기 위해 이성적으로, 임금인상에 대한 근거(K씨의 업무 성과 및 근무 평가 등)를 제시하였으며 때로는 감성적으로 임금인상에 대해 호소하였다. 그 결과 사장은 K씨의 가치와 요구 사항의 타당성을 인정하여 K씨는 본인이 원하는 좋은 결과를 얻게 되었다.

[사례 해설]
이 사례는 협상의 의미와 관련된 사례이다. 협상이란 갈등상태에 있는 이해당사자들이 대화와 논쟁을 통해서 서로를 설득하여 문제를 해결하려는 정보전달과정이자 의사결정과정을 의미한다. 〈사례 A〉는 남편과 아내가 저녁식사를 집에서 할 것인가, 외식을 할 것인가에 대해 의사결정 하는 것으로 일상생활 중에서도 우리는 항상 협상을 하고 있음을 보여준다. 〈사례 B〉는 직장 내 대표적인 협상 사례가 될 수 있는 임금 협상 사례를 다루고 있다.

활동

[지도 방법]
이 활동은 협상의 의미와 협상을 하는 이유에 대해서 학습자들이 스스로 생각해 보도록 하는 활동이다. 특히 복잡하게 얽힌 거래상의 이해관계를 따지며 조율하거나 노사관계자들이 파업을 막기 위해 머리를 맞대고 협상하는 것만이 협상을 의미하는 것은 아니라는 점을 강조한다. 학습자들이 빈칸을 직접 작성하여 발표하도록 한 후, 활동이 의미하는 바를 알려준다.

우리는 살아가면서 수많은 난관에 부딪히고 또 극복해 간다. 그리고 우리는 이러한 난관을 만날 때마다 좌절하지 않고, 이를 극복하기 위해 누군가와 논의를 하고, 해결책을 찾기 위해 많은 노력을 기울인다. 여기서 해결책을 찾는 노력, 즉 문제가 제시되면 해결책을 도출함으로써 극복하는 것이 바로 협상이다.

일반적으로 '협상'이라는 말을 들었을 때, 대부분의 사람들이 자동적으로 떠올리는 그림은 심각한 표정으로 회의실 탁자에 둘러앉아 복잡하게 얽힌 거래상의 이해관계를 따지며 조율하거나, 노사관계자들이 자정으로 예고된 파업을 막기 위해 머리를 맞댄 채 골머리를 앓고 있는 모습일 것이다. 그러나 협상이 이러한 딱딱한 면만 가지고 있는 것일까?

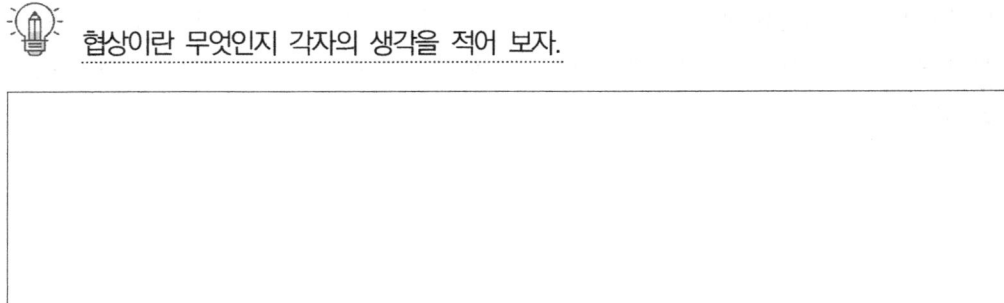

세계는 끊임없는 협상을 통해 유지된다. 여러분이 믿건 믿지 않건 이것은 사실이다. 정치든 경제든, 부자든 가난한 서민이든 그 어느 영역에서도 마찬가지이다. 세계를 위협하는 핵 문제를 다루는 일이건, 시장에서 필요한 물건을 구입하는 일이건 협상이 필요하다. 그렇다면 협상이 왜 필요할까?

협상이 과연 무슨 이유 때문에 필요한 것인지 각자의 생각을 적어 보자.

[활동 해설]

협상의 의미는 크게 의사소통 차원, 갈등 해결 차원, 지식과 노력 차원, 의사결정 차원, 교섭차원에서 살펴볼 수 있으며, 협상은 갈등상태에 있는 이해당사자들이 대화와 논쟁을 통해서 서로를 설득하여 문제를 해결하려는 정보전달과정이자 의사결정과정을 의미한다. 또한, 우리의 일상생활은 협상으로 이루어져 있다. 가정, 학교, 기업, 정부, 국가 생활은 협상의 연속이다. 세상은 거대한 협상 테이블이며, 우리는 모든 것을 협상함으로써 의사결정을 하게 된다.

내용

> **[지도 방법]**
> 학습자들이 협상의 어원은 무엇인지, 협상의 의미는 무엇인지에 대해서 학습할 수 있도록 하는 내용을 제시하고, 사례와 활동 간의 연관성을 찾도록 한다.

'협상하다(negotiate)'라는 동사는 라틴어 'negtir'에 뿌리를 두고 있다. 여가를 뜻하는 'tir'이라는 어근에 부정의 의미를 지닌 'neg'가 붙어 '여가가 아니다'라는 의미를 담고 있다. 라틴어의 근본적인 의미만으로 따지면 '협상'이라는 단어에서 '즐거움'이라는 요소를 찾기는 사실 어렵다.

하지만 협상은 어느 한 면으로 특정 짓기에는 너무도 다양하며, 사업상의 정의에서 한 발자국만 떨어져서 보면 이 세상 어느 곳이나 협상 테이블이며, 모든 사람들이 협상가임을 알 수 있을 것이다.

그렇다면, 협상이란 무엇일까?

협상의 의미는 크게 의사소통 차원, 갈등 해결 차원, 지식과 노력 차원, 의사결정 차원, 교섭 차원에서 살펴볼 수 있다.

첫째, 의사소통 차원에서 볼 때, 협상이란 이해당사자들이 자신들의 욕구를 충족시키기 위해 상대방으로부터 최선의 것을 얻어내기 위해 상대방을 설득하는 커뮤니케이션 과정이다. 즉 협상이란 자신이 얻고자 하는 것 때문에 다른 사람들 또는 집단들과 갈등상태에 있을 때 그들을 설득하여 자신이 원하는 것을 쟁취하기 위한 일련의 커뮤니케이션 과정이라고 할 수 있다. 예컨대 여러분이 사장과 임금문제로 갈등상태에 있을 때, 갈등을 해결하기 위해 커뮤니케이션 과정을 거치게 된다. 상대방을 설득하기 위해서 우리는 때로는 이성적으로 때로는 감성적으로 커뮤니케이션을 하게 된다. 커뮤니케이션이 원활하고 상대방 설득이 원활하게 진행될 때, 임금협상도 원활히 진행되고 좋은 결과를 산출하게 될 것이다. 그러나 서로가 상대방에 대한 분노와 증오로 가득 차서 서로가 상대방을 적으로 단정하고 의사소통 과정을 차단하고 단절할 때 임금협상은 더 이상 진전되지 못할 것이다. 그러므로 협상이란 상대방을 설득하기 위한 목적으로 하는 커뮤니케이션인 것이다.

둘째, 갈등 해결 차원에서 볼 때, 협상이란 갈등관계에 있는 이해당사자들이 대화를 통해서 갈등을 해결하고자 하는 상호작용 과정이다. 즉 협상이란 개인, 조직 또는 국가가 가지고 있는 갈등의 문제를 해결하기 위해서 갈등관계에 있는 이해당사자들이 대화를 통해서 상반되는 이익은 조정하고 공통되는 이익을 증진시키는 상호작용 과정이라 할 수 있다.

셋째, 지식과 노력 차원에서 볼 때, 협상이란 우리가 얻고자 하는 것을 가진 사람의 호의를 얻어내기 위한 것에 관한 지식이며 노력의 분야이다. 즉 협상이란 승진, 돈, 안전, 자유, 사랑, 지위, 명예, 정의, 애정 등 우리가 얻고자 원하는 것을 어떻게 다른 사람들보다 더 우월한 지위를 점유하면서 얻을 수 있을 것인가 등에 관련된 지식이며 노력의 장이라고 할 수 있다.

넷째, 의사결정 차원에서 볼 때, 협상이란 둘 이상의 이해당사자들이 여러 대안들 가운데서 이해당사자들 모두가 수용 가능한 대안을 찾기 위한 의사결정 과정이라 할 수 있다. 또한 협상이란 공통적인 이익을 추구하나 서로 입장의 충돌 때문에 이해당사자들 모두에게 수용 가능한 이익의 조합을 찾으려는 개인, 조직 또는 국가의 상호작용 과정이라고 볼 수 있다.

다섯째, 참여자들의 공통적인 의사결정을 필요로 하는 교섭 차원에서 볼 때, 협상이란 선호가 서로 다른 협상 당사자들이 합의에 도달하기 위해 공동으로 의사 결정하는 과정이라고 할 수 있다. 또한 협상이란 둘 이상의 당사자가 갈등상태에 있는 쟁점에 대해서 합의를 찾기 위한 과정이라고 정의될 수 있다. 즉 협상이란 둘 또는 셋 이상의 사람들이 갈등상태에 있는 어떤 쟁점에 대해서 주고받는 과정을 통해서 합의점을 찾아서 그 쟁점을 해결하기 위한 과정이다.

협상에 관한 이러한 주장들을 종합해 보면,

> 협상(negotiation)이란 갈등상태에 있는 이해당사자들이 대화와 논쟁을 통해서 서로를 설득하여 문제를 해결하려는 정보전달 과정이자 의사결정과정이다.

교수자료 : 하버드는 어떻게 최고의 협상을 하는가

우리는 타인으로부터 어떻게 설득을 이끌어 낼 수 있을까? 갈등은 직장 동료나 상사, 고객이나 거래처 직원, 심지어 가족 구성원들에 이르기까지 우리 일상에서 자연스럽게 발생한다. 우리 자신이 정말 원하는 것과 타인의 요구를 동시에 얻을 수 있는 방법은 가장 어렵고 보편적인 딜레마일 것이다. 이런 딜레마 상황에서 성공적인 협상을 이끌어 내기 위해 기존까지는 상대방의 이익을 고려해야 한다는 브렛 교수의 주장이 통설로 받아들여졌다.

브렛 교수가 밝힌 조사결과에 따르면 한국인들은 자신의 이익을 챙기고자하는 '이기심'이 조사대상 16개국 중 가장 강했다. 반면 협상을 얼마나 책임감 있고 창의적으로 이끄는지를 묻는 '협상 주도력' 평가에선 최하위를 기록했다. 또 한국인들은 상대방의 전통이나 입장을 배려하는 '사회적 책임감' 면에서도 최하위 수준(13위)에 머물렀다.

그는 "한국인들은 협상을 할 때 상대방의 이익을 감안하지 않고 오로지 자신의 이익만 추구하는 습관이 있다"며 "협력적인 자세로 협상에 임해야 협상의 목표인 '윈-윈(Win-Win)', 즉 쌍방의 가치 창출이 가능하다"고 말했다.

협상 준비 자세 면에서도 브렛 교수는 "협상이란 협상 결렬 시 얼마나 많은 대안을 가지고 있느냐에 성패가 달려있기 마련인데, 한국인들은 차선책을 마련하지 않고 협상 하나만 바라보고 달려드는 경향이 있다"며 "협상에 실패할 경우를 가정해 여러 가지 차선책을 가지고 협상에 임하면 그만큼 협상력이 커진다"고 충고했다.

최근에는 상대방 설득 초점이 아닌 자기 설득에 초점을 맞춘 협상에 대해 새로운 패러다임이 윌리엄 유리에 의해 제시되었다. 그는 협상 분야에서 세계적으로 가장 잘 알려진 전문가로서 '하버드대학교 협상 프로젝트'의 공동 설립자이며, '하버드 로스쿨 글로벌 협상연구소' 최고 연구위원이다.

문화일보. 2007. 12. 12일자

(자료 계속)

그는 우리가 협상하는 대다수의 이유는 합의를 이루기 위해서라기보다 우리가 원하는 것을 얻기 위함이며 이때, 우리가 진정 원하는 것을 가로막는 가장 큰 장애물은 상대방이 아닌 나 자신이라는 것이다. 우리는 두려움 혹은 분노로 인해 우리는 종종 자기 멋대로 행동하거나 행복으로 가는 길을 방해한다. 협상에서 가장 큰 기회는 자신 안에 있는 적군을 아군으로 바꾸는 것이다. 우리가 자신으로부터 예스(Yes)를 이끌어 낼 수 있다면 타인에게서 보다 쉽게 예스(Yes)를 이끌어 낼 수 있다.

그의 저서 〈하버드는 어떻게 최고의 협상을 하는가〉에서 나 자신과의 협상에서 성공하는 법을 6단계로 설명하였다.

1. 자신의 입장에서 생각하기

첫 번째 단계는 자신의 가장 큰 적수를 아는 것이다. 바로 자기 자신이다. 이 단계에서는 자신을 마치 거래의 중요한 고객을 대하듯 내재된 요구사항들을 공감하며 들어보는 것이다.

2. 자신의 내적 배트나(BATNA) 개발하기

대부분의 갈등이 생기면 상대방을 원망하지 않기가 매우 힘들다. 1단계와 마찬가지로 자신의 삶과 인간관계에 스스로 책임을 지는 것이다. 구체적으로, 당신의 내적 배트나(Best Alternative To a Negotiated Agreement) 즉, '협상이 어려울 시 선택할 수 있는 최상의 대안'을 찾는 것이다. 남들과 상관없이 자신의 요구사항들을 누구의 도움 없이 잘 해결하고자 하는 자신과의 약속이다.

3. 자신의 시각을 재설정하기

인간은 누구나 결핍에서 생기는 두려움을 가지고 있다. 이때, 자신의 인생을 바라보는 시각을 바꿔보자. 자신만의 독립적이고 충분한 행복의 원천을 만들면, 인생의 긍정적인 측면을 바라볼 수 있을 것이다.

4. 현재에 머무르기

대립관계의 한가운데 있을 때, 우리는 지나간 일에 대해 부정적인 감정을 갖거나 미래에 대해서 불안하며 걱정하기 쉽다. 그러나 그 반대로 행동할 경우, 당신이 진정한 만족을 경험할 수 있게 해주는 힘을 주며 힘든 상황을 더 잘 해결할 수 있도록 해준다.

(자료 계속)

5. 그대로 그들을 존중하기

거절당할 때 우리는 거절은 거절로, 개인적 비난은 비난으로, 또 따돌림은 따돌림으로 대응하기 쉽다. 그러나 이를 있는 그대로 수용해 보자.

6. 베풀기와 되돌려 받기

물량이 한정적일 때는 Win-Lose 함정에 빠져 오직 자신이 원하는 것에만 집중하기 쉽다. 마지막으로 Win-Win 접근 방법으로 가는 것은 받기보다 먼저 베푸는 것이다.

자신으로부터 예스(Yes)를 이끌어내는 과정은 발전 지향적 수용과 존중의 태도로서, 처음에는 자기 자신으로부터 시작해 다음으로는 자신의 인생, 마지막으로는 타인을 향한 자세로 확장된다.

자기 자신에게 예스(yes to self)는, 자기입장에서 생각해보고 자신의 내적 배트나(BATNA:Best Alternative To a Negotiated Agreement)를 발전시킴으로써 할 수 있다. 또 자기 자신과 인생에 대한 다양한 시각을 갖고, 현재 시점에 머묾으로서 자신의 인생에 예스(yest to life)라고 말할 수 있게 된다. 마지막으로 타인에게 예스(yes to others)는, 그들을 존중하고 베풀기와 되돌려 받기를 통해서 가능하다. 이 모든 예스들이 하나의 내면의 예스가 되어 타인으로부터 손쉽게 예스를 이끌어 낼 수 있게 도와주고 특히나 힘든 갈등 상황을 해결할 수 있도록 해준다.

출처: 윌리엄 유리, 박미연(옮김), (2016). 하버드는 어떻게 최고의 협상을 하는가. 서울: 트로이목마.

협상의 과정

협상이 이루어지기 위해서는 협상에 대비하여 준비를 해야 하고, 준비가 되면 실제로 협상을 진행하고, 협상이 종결된 후에는 협상된 내용이 잘 집행되고 있는지를 확인하고 추가적인 조치를 취해야 한다. 협상의 준비에서부터 집행에 이르기까지의 과정을 알아보자.

 사례

[지도 방법]
학습자들이 사례를 읽고 협상과정에 대해서 생각해 보도록 한다. 협상과정이란 협상의 사전준비에서부터 협상된 내용의 집행까지에 이르는 과정임을 강조한다. 또한 사례를 읽고 스스로 협상의 과정을 추론해낼 수 있는 분위기를 조성하도록 한다.

페인트칠 공사

철수는 아직 학생이어서 자금이 넉넉하지는 못하므로, 50만원 이내에서 페인트칠을 하려고 계획을 세웠다. 철수는 한 번도 페인트칠 공사를 해본 적이 없기 때문에 페인트칠을 하는 업자를 알지 못했다. 우선 친구와 이웃들에게 일을 부탁할만한 사람들을 수소문하여 몇몇 업체에 전화를 걸었다. 철수는 두 군데 업체에 전화를 하였으나 모두 300만원이 넘는 금액을 제시하여 그들이 제시하는 견적서대로 지불을 할 수는 없었다.

하지만 기필코 해야만 하는 일인지라 적당한 가격에 페인트칠을 해줄 사람을 수소문하기 시작했다. 운이 따랐는지 철수와 함께 대학을 다니는 한 학생이 페인트칠을 하여 번 돈으로 대학을 다니고 있다는 정보를 알게 되었다. 또한, 철수는 그 학생에 대한 어느 정도의 정보를 가지고 있었다. 우선 그는 공부를 계속하기 위해 돈이 필요하였으며, 또한 부족한 글 솜씨 때문에 학업에 지장이 많다는 것도 알고 있었다. 그가 자신의 작문에 대해 불평을 늘어놓은 적이 있었기 때문이다. 게다가 그는 수업시간에 제출해야 하는 보고서 과제물에서 철수가 높은 점수를 받는 걸 보면서 부러움을 표시하곤 했었다. 이런 정보를 염두에 두고 철수는 어느 날 수업을 마친 뒤에 그를 집으로 초대

(사례 계속)

했다. 그는 철수의 집을 면밀히 검토하고 나서 120만원을 불렀다. "보통 이만한 집 규모면 180만 원 정도 부르지만 아는 사이라 원래 금액보다 싸게 해주는 겁니다."

철수는 그의 견적내용이 다른 어떤 회사들보다 가격 면에서 경쟁력이 있다고 말하면서 그가 보여준 호의와 배려에 대해 인정하는 말과 함께 진심으로 감사를 표했다. 그리곤 매우 친근하고, 다정한 말투로 그가 요구한 액수가 적당하다는 것을 수긍하면서

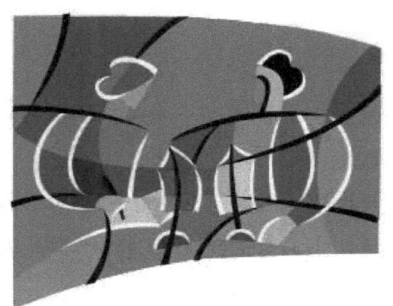

한편으로 자신이 그만한 액수를 감당할 처지가 못 된다는 것을 솔직하게 털어놓았다. 철수는 그에게 우리 모두가 만족하면서도 가격을 낮출 수 있는 창조적인 방법으로 찾아보자고 말했다.

협상은 본격적으로 시작되었다. 철수는 50만원만 쓸 예정이었으므로 그에게 여전히 전체 비용을 줄여야 할 필요가 있다고 말해야만 했다. 그러나 무조건 50만원으로 가격을 깎는다면 분명 그는 페인트칠을 하지 않거나, 한다고 해도 자신의 손해를 감수해야 할 것이다. 그러자면 둘의 관계는 좋지 않게 발전할 것이 틀림없었다. 따라서 철수는 그에게 정중하게 말했다. "나와 거래 한 번 하지 않을래요? 우리 집 페인트칠을 해주는 대가로 당신의 법률 문장론 과목을 개인교습해주고 싶은데, 그러면 당신의 문장력이 많이 향상될 거 같아요. 어때요?" 이로써 철수는 자신이 필요로 하는 것을 정확히 충족시켰다. 언뜻 비현실적인 것으로 보이던 50만원으로 집 전체를 말끔히 페인트칠을 할 수 있었던 것이다.

[사례 해설]

이 사례는 철수가 그의 대학동료와 페인트를 칠하는 가격에 대해 서로 협상하는 내용이다. 사례를 통해 협상은 어떠한 일반적인 절차에 따라 이루어지는 것임을 강조한다. 협상과정은 연구자에 따라 5단계, 3단계 등으로 다양하게 분류할 수 있음을 알려주면서, 학습자 스스로 협상과정에 대해서 생각해볼 수 있는 분위기를 조성한다.

활동

[지도 방법]
이 활동은 학습자 스스로 협상과정을 설정해 보도록 하는 활동이다. 앞에서 제시된 사례를 읽고 난 후, 각자가 생각하는 협상과정을 작성해 보도록 하여 발표하도록 한 후, 활동이 의미하는 바를 알려준다.

협상과정은 관점에 따라 다양한 형태로 언급될 수 있다. 어떤 연구자는 5단계로 협상과정을 설명하기도 하며, 어떤 연구자는 3단계로 협상과정을 설명하기도 한다. 이 장에서는 좀 더 세부적인 단계로 구분되는 협상의 5단계로 설명하도록 하겠다.

앞 페이지에서 제시된 사례를 읽고 협상이 어떠한 과정에 따라 진행되었는지 각자의 생각을 적어 보자.

협상과정	내 용
단계 1:	• •
단계 2:	• •
단계 3:	• •
단계 4:	• •
단계 5:	• •

[활동 해설]

일반적으로 협상과정은 5단계와 3단계로 구분된다. 협상과정의 5단계는 협상 시작, 상호 이해, 실질 이해, 해결 대안, 합의문서 등의 절차에 따라 이루어지며, 협상과정의 3단계는 협상 전 단계, 협상진행단계, 협상 후단계의 순서로 진행된다. 학습자가 작성한 협상과정과 어떠한 차이가 있는지를 확인시킨다.

내용

> **[지도 방법]**
> 학습자들이 협상과정의 5단계와 협상과정의 3단계에 대해서 학습할 수 있도록 주요 내용을 제시하고, 사례와 활동 간의 연관성을 찾도록 한다.

협상과정은 연구관점에 따라 다양한 형태로 언급될 수 있다. 협상 전 단계, 협상개시단계, 정보공유단계, 문제해결단계, 합의단계로 설명할 수도 있으며 준비단계, 협상단계, 합의 후 평가단계의 순서로 설명할 수도 있다. 또는 노사협상의 경우처럼 협상기획, 협상준비, 협상진행, 협상종료, 비준 및 집행의 순서로 협상이 진행된다고도 볼 수 있다.

한편, 협상과정을 아래 그림과 같이 협상시작, 상호이해, 실질이해, 해결방안, 합의문서 등의 5단계로 구분할 수 있다.

협상 시작	• 협상당사자들 사이에 상호 친근감 쌓음 • 간접적인 방법으로 협상의사를 전달함 • 상대방의 협상의지를 확인함 • 협상진행을 위한 체제를 짬
상호 이해	• 갈등문제의 진행상황과 현재의 상황을 점검함 • 적극적으로 경청하고 자기주장을 제시함 • 협상을 위한 협상대상 안건을 결정함
실질 이해	• 겉으로 주장하는 것과 실제로 원하는 것을 구분하여 실제로 원하는 것을 찾아냄 • 분할과 통합 기법을 활용하여 이해관계를 분석함
해결 대안	• 협상 안건마다 대안들을 평가함 • 개발한 대안들을 평가함 • 최선의 대안에 대해서 합의하고 선택함 • 대안 이행을 위한 실행계획을 수립함
합의문서	• 합의문을 작성함 • 합의문상의 합의내용, 용어 등을 재점검함 • 합의문에 서명함

F-2-라. 협상의 과정

협상 전문가는 협상을 시작할 때부터 끝날 때까지 협상의 한계와 목적을 잃지 않으며, 시종 협상의 종결에 대해서 초점을 맞춘다. 흔히 협상의 실패는 협상을 진행하는 동안 저지르게 되는 실수로 인해 발생한다. 협상 전문가라면 그러한 실수에 대하여 어떻게 대처할까? 협상에서 주로 나타나는 7가지 실수와 그에 대한 효과적인 대처방안을 살펴보자.

협상의 실수	대처방안
1. 준비되기도 전에 협상을 시작하는 것	상대방이 먼저 협상을 요구하거나 재촉하면 아직 준비가 덜 되었다고 솔직히 말한다. 그리고 그런 때를 상대방의 입장을 묻는 기회로 삼는다. 협상준비가 되지 않았을 때는 듣기만 한다.
2. 잘못된 사람과의 협상	협상 상대가 협상에 대하여 책임을 질 수 있고 타결권한을 가지고 있는 사람인지 확인하고 협상을 시작한다. 상급자는 협상의 올바른 상대가 아니다. 최고책임자는 협상의 세부사항을 잘 모르기 때문이다.
3. 특정 입장만 고집하는 것 (입장협상)	협상에서 한계를 설정하고 그 다음 단계를 대안으로 제시한다. 상대방이 특정 입장만 내세우는 입장협상을 할 경우에는 조용히 그들의 준비를 도와주고 서로 의견을 교환하면서 상대의 마음을 열게 한다.
4. 협상의 통제권을 잃을까 두려워하는 것	협상은 통제권을 확보하는 것이 아니라 함께 의견 차이를 조정하면서 최선의 해결책을 찾는 것이다. 통제권을 잃을까 염려되면 그 사람과의 협상 자체를 고려해본다. 자신의 한계를 설정하고 그것을 고수하여 그런 염려를 하지 않게 된다.
5. 설정한 목표와 한계에서 벗어나는 것	한계와 목표를 잃지 않도록 그것을 기록하고, 기록된 노트를 협상의 길잡이로 삼는다. 그러나 더 많은 것을 얻기 위해 한계와 목표를 바꾸기도 한다.
6. 상대방에 대해서 너무 많은 염려를 하는 것	상대방이 원하는 것을 얻을까 너무 염려하지 말고, 협상을 타결 짓기 전에 자신과 상대방이 각기 만족할만한 결과를 얻었는지, 협상 결과가 현실적으로 효력이 있었는지, 모두 만족할 만한 상황이 되었는지 확인한다.
7. 협상 타결에 초점을 맞추지 못하는 것	협상의 모든 단계에서 협상의 종결에 초점을 맞추고, 항상 종결을 염두에 둔다. 특정한 목적을 위해 협상을 하고 있기 때문에 목표가 가까이 왔을 때 쟁취하게 되는 것이다.

협상전략의 종류

협상에 사용될 협상전략의 형태는 다양하다. 협상 당사자는 자신의 목적과 상대방의 목적, 그리고 상황적 요인에 따라 다양하게 협상 전략을 구사할 수 있다. 직업생활 중 상황에 따라 적절하게 활용할 수 있는 협상전략에는 어떠한 것들이 있는지 알아보자.

 사례

[지도 방법]
학습자들이 사례를 읽고 다양한 협상전략에 대해서 생각해 보도록 한다. 이 때 협상전략의 종류는 매우 다양하며, 상황에 따라 적절하게 협상전략을 구사하는 것이 매우 중요함을 강조한다. 또한 사례를 읽고 스스로 다양한 협상전략에 대해서 생각할 수 있는 분위기를 조성하도록 한다.

다양한 협상전략

⟨사례 A⟩

철수는 자신의 집에 페인트칠을 하려고 하였으나, 여윳돈이 부족하였다. 그리하여 여러 사람을 통해 수소문한 끝에 자신의 학교에 페인트칠을 하여 학비를 대고 있는 동료가 있다는 것을 알게 되었다. 그의 정보를 알아보니 그는 작문에 자신이 없어 항상 고민을 하고 있었고 철수는 그에게 페인트칠을 싸게 해주는 대가로 작문 개인교습을 해주겠다고 제안하였다. 그는 만족해하며 철수의 제안을 받아들였다. 결국 철수는 훨씬 저렴한 가격으로 자신의 집에 페인트칠을 할 수 있었다.

⟨사례 B⟩

중소기업 K사의 대리인 하준은 L 기업에서 부품을 구매하는 역할을 담당하고 있다. K사는 절대적으로 중요한 부품인 스위치를 L사로부터 개당 3,000원에 구입해 왔다. 그런데 L사는 어느 날 스위치의 가격을 개당 3,500원으로 올리겠다는 의사를 보였다. 이에 하준은 곰곰이 생각해 본 후, L사의 제안을 기꺼이 받아들였다. 하준은 단기적으로는 자신의 회사가 약간 손해를 보더라도, 장기적으로 L사와의 관

(사례 계속)

계를 생각해 볼 때 L사의 제안을 받아들이는 것이 훨씬 이익이 된다고 생각하였다.

<사례 C>

대기업 영업부장인 곽 씨는 신제품 출시 가격에 대해서 도매업체 T와 가격협상을 하고 있었다. 그런데 도매업체 T는 새로 출시된 신제품에 별반 관심을 보이지 않았고, 적극적이지 않았다. 또한, 곽 씨는 시간과 노력을 투자하여 T와 협상할 가치가 낮다고 생각하는 중이었다. 따라서 곽 씨는 과감하게 협상을 포기하였다.

<사례 D>

대기업 영업부장인 이 씨는 기존의 재고를 처리할 목적으로 거래처 박 씨와 협상 중이다. 그러나 박 씨는 자금부족을 이유로 이를 거절하였다. 이 씨는 자신의 회사에서 물품을 제공하지 않으면 박 씨의 회사가 매우 곤란한 지경에 빠진다는 사실을 알고 있었기에, 앞으로 박 씨와 거래하지 않을 것이라는 엄포를 놓았다. 이에 따라 이 씨는 성공적으로 협상을 이끌어 낼 수 있었다.

[사례 해설]

이 사례는 다양한 협상전략에 대한 사례이다. <사례 A>는 협력전략과 관련된 것으로서, 철수와 그의 동료는 협동과 통합으로 문제를 해결하였다. <사례 B>는 유화전략과 관련된 것으로서, 하준은 장기적인 이익을 위해 L기업의 제안을 순응, 수용하고 있다. <사례 C>는 회피전략과 관련된 것으로서, 곽 씨는 도매업체 T와 가격협상을 하는 중 얻게 될 이익이 전혀 없다고 판단하여 협상으로부터 철수하고 있다. <사례 D>는 강압전략과 관련된 것으로서, 이 씨는 힘의 우위를 활용하여 자신의 이익을 극대화하려 하고 있다.

활동

> **[지도 방법]**
> 이 활동은 각각의 협상전략은 어떠한 경우에 활용하면 유용할지에 대해서 학습자들이 스스로 생각해 보게 하는 활동이다. 특히 협상전략은 크게 협력전략, 유화전략, 회피전략, 강압전략 등으로 구분할 수 있음을 강조한다. 학습자들이 활동의 빈칸을 직접 작성하여 발표하도록 한 후, 활동이 의미하는 바를 알려준다.

협상에 사용되는 전략은 크게 협력전략, 유화전략, 회피전략, 강압전략 등으로 구분할 수 있다. 앞 페이지에 제시된 사례 A는 협력전략, 사례 B는 유화전략, 사례 C는 회피전략, 사례 D는 강압전략으로 볼 수 있다.

 그렇다면 각각의 전략은 어떠할 때 활용하면 유용할지 각자의 생각을 적어 보자.

전략	유용한 경우
협력전략	<ul><li></li><li></li><li></li><li></li><li></li></ul>
유화전략	<ul><li></li><li></li><li></li><li></li><li></li></ul>
회피전략	<ul><li></li><li></li><li></li><li></li><li></li></ul>
강압전략	<ul><li></li><li></li><li></li><li></li><li></li></ul>

[활동 해설]
a. 협력전략이 유용한 경우 : 협상 당사자들이 서로에 대한 정보를 많이 공유하고 있을 때, 협상 당사자 간에 신뢰가 쌓여 있는 경우, 우호적 인간관계의 유지가 중요한 경우
b. 유화전략이 유용한 경우 : 결과보다는 상대방과의 인간관계 유지를 선호하는 경우, 상대방과의 충돌을 피하고자 하는 경우, 자신의 이익보다는 상대방의 이익을 고려해야 하는 경우, 단기적으로는 손해를 보더라도 장기적 관점에서 이익이 되는 경우
c. 회피전략이 유용한 경우 : 자신이 얻게 되는 결과나 인간관계 모두에 관심이 없는 경우, 협상의 가치가 매우 낮은 경우, 상대방에게 심리적 압박감을 주어 필요한 것을 얻어내려 하는 경우, 협상 이외의 방법으로 쟁점해결이 가능한 경우
d. 강압전략이 유용한 경우 : 인간관계를 중요하게 여기지 않는 경우, 자신의 이익을 극대화해야만 하는 경우, 상대방에 비해 자신의 힘이 강한 경우, 상대방과의 인간관계가 나쁘고 신뢰가 전혀 없는 경우

내용

> **[지도 방법]**
> 학습자들이 협상전략의 종류, 각각의 협상전략의 특징에 대해서 학습할 수 있도록 주요 내용을 제시하고, 사례와 활동 간의 연관성을 찾도록 한다. 또한, 학습자들이 상대방을 설득하는 방법에는 어떠한 것들이 있는지, 각각의 전략은 어떠한 특징을 갖고 있는지에 대해서 학습할 수 있도록 주요 내용을 제시하고, 사례와 활동 간의 연관성을 찾도록 한다.

협상에 사용될 협상전략의 형태는 다양하다. 협상 당사자는 자신의 목적과 상대방의 목적 그리고 상황적 요인에 따라서 다양하게 협상전략을 구사할 수 있다.

대체로 협상전략의 형태로는 협력 전략(문제해결전략), 유화전략(양보전략), 회피전략(무행동전략), 강압전략(경쟁전략) 등으로 구분할 수 있다.

① 협력전략 (문제해결전략)

협력전략(cooperative strategy)은 협상 참여자들이 협동과 통합으로 문제를 해결하고자 하는 협력적 문제해결전략이다. 문제를 해결하는 합의에 이르기 위해서 협상 당사자들이 서로 협력하는 것이다.

협력적 문제해결은 "Win-Win"전략의 정신을 가지고 있다. 즉 나도 잘되고, 상대방도 잘되어, 우리 모두가 잘되는 전략인 "I Win, You Win, We Win"전략이다. 따라서 협상 당사자들은 자신들의 목적이나 우선순위에 대한 정보를 서로 교환하여 이를 통합하여 문제를 해결하고자 노력한다. 자신이 가지고 있는 것 가운데서 우선순위가 낮은 것에 대해서는 상대방에게 양보하는 협력적 과정을 통해서 문제해결을 위한 합의에 이르게 된다. 협력전략이 성공을 거두기 위해서는 협상 참여자들은 신뢰에 기반을 둔 협력을 진행해야 한다. 이를 신뢰적 협력전략이라고도 할 수 있다.

협력전략의 협상전술에는 협동적 원인탐색, 정보수집과 제공, 쟁점의 구체화, 대안 개발, 개발된 대안들에 대한 공동평가, 협동하여 최종안 선택 등이 있다.

② 유화전략 (양보전략)

유화전략(smoothing strategy)은 양보전략이며, 순응전략이며, 화해전략이며, 수용전략이며, 굴복전략이다. 상대방이 제시하는 것을 일방적으로 수용하여 협상의 가능성을 높이려는 전략이다. 상대방의 욕구와 주장에 자신의 욕구와 주장을 조정하고 순응시켜 굴복한다. 유화전략은 "Lose-Win"전략이다. 즉, 당신의 승리를 위해서 나는 손해를 보아도 괜찮다는 전략인 "I Lose, You Win"전략이다.

유화전략은 협상으로 인해 돌아올 결과보다는 상대방과의 인간관계 유지를 선호하여 상대방과 충돌을 피하고자 할 때 사용할 수 있다. 상대방과의 우호관계를 중시하며 그 우호관계를 지속하기 위해서 자신의 입장이나 이익보다는 상대방의 이익과 입장을 고려하여 상대방에게 돌아갈 결과에 더 큰 관심을 가지고 상대방의 주장에 순순히 따르는 전략이다.

유화전략에 사용될 수 있는 전술에는 유화, 양보, 순응, 수용, 굴복, 요구사항의 철회 등이 있다.

③ 회피전략 (무행동전략)

회피전략(avoiding strategy)은 무행동전략이며, 협상 철수전략이다. 즉, 협상을 피하거나 잠정적으로 중단하거나 철수하는 전략이다. 회피전략은 "Lose-Lose"전략이다. 즉 나도 손해보고 상대방도 피해를 입게 되어 모두가 손해를 보게 되는 전략인 "I Lose, You Lose, We Lose"전략이다.

회피전략은 상대방에게 돌아갈 결과나 자신에게 돌아올 결과에 대해서 전혀 관심을 가지지 않을 때 사용할 수 있고, 자신이 얻게 되는 결과나 인간관계 모두에 대해서 관심이 없을 때 상대방과의 협상을 거절할 수 있다. 시간과 노력을 투자할 필요가 없을 정도로 협상의 가치가 낮거나 협상을 중단하고자 하여 상대방을 심리적 압박감을 주어 필요한 양보를 얻어내고자 할 때, 또는 협상 이외의 방법으로 쟁점해결을 위한 대안이 존재할 경우에 회피전략을 사용할 수 있다. 또한 회피전략은 협상을 계속 진행하는 것이 자신에게 불리하게 될 가능성이 있을 때나 협상 상황이 자신에게 불리하게 전개되고 있을 때, 협상국면을 전환시키고자 할 때 사용할 수 있다.

회피전략의 전술에는 협상을 회피, 무시, 상대방의 도전에 대한 무반응, 협상안건을 타인에게 넘겨주기, 협상으로부터 철수 등이 있다.

④ 강압전략 (경쟁전략)

강압전략(forcing strategy)은 공격적 전략이며 경쟁전략이다. 자신이 상대방보다 힘에 있어서 우위를 점유하고 있을 때 자신의 이익을 극대화하기 위한 공격적 전략이다. 상대방의 주장을 무시하고 자신의 힘으로 일방적으로 밀어붙여 상대방에게 자신의 입장을 강요하는 전략이다. 강압전략은 "Win-Lose"전략이다. 즉 내가 승리하기 위해서 당신은 희생되어야 한다는 전략인 "I Win, You Lose"전략이다. 이로 인해 제로섬(zero-sum)의 결과가 산출될 수 있다.

명시적 또는 묵시적으로 강압적 위협이나 강압적 설득, 처벌 등의 무력시위 또는 카드 등을 사용하여 상대방을 굴복시키거나 순응시킨다. 자신의 주장을 확실하게 상대방에게 제시하고, 상대방에게 이를 수용하지 않으면 보복이 있을 것이며 협상이 결렬될 것이라는 등의 위협을 가하는 경우가 발생할 수 있다. 따라서 강압전략은 일방적인 의사소통으로 일방적인 양보를 받아낸다.

인간관계를 중요하게 여기지 않고 어떠한 수단 방법을 동원해서라도 자신의 입장과 이익 극대화를 관철시키는 것에만 관심이 있다. 협력전략과 반대로 강압전략은 합의도출이 어렵다. 상대방에 비해 자신의 힘이 강하고, 상대방과의 인간관계가 나쁘고, 상대방에 대한 신뢰가 전혀 없을 때, 자신의 실질적 결과를 극대화하고자 할 때 강압전략이 사용될 수 있다.

강압전략이 사용될 수 있는 협상전술로는 위압적인 입장 천명, 협박과 위협, 협상적 설득, 확고한 입장에 대한 논쟁, 협박적 회유와 설득, 상대방 입장에 대한 강압적 설명요청 등이 있다.

위에 전략 중 가장 효과적인 전략은 협력전략 즉 문제해결 전략이다. 이 과정에서 상대방을 설득하여 문제를 해결하는 일은 매우 중요하다. 설득이란 상대방의 인지, 정서, 행동 등과 같은 태도를 자신이 의도하는 방향으로 움직이게 하는 것이다. 상대방을 설득시키는 방법은 상대방에 따라, 상황에 따라 매우 다양하다. 설득은 이성적인 요인도 있지만 감정적인 요인도 작용하기 때문이다. 상대방을 설득하여 자신이 의도하는 방향으로 움직이게 하기 위해서는 어떠한 방법들이 있는지 알아보자.

① See-Feel-Change 전략

설득전략으로 'See(보고)-Feel(느끼고)-Change(변화한다)' 전략을 사용할 수 있다. 즉, 설득전략을 사용하여 갈등관리를 순조롭게 하고, 설득전략을 통해서 협상의 목적을 성공적으로 달성할 수 있다. 협상전략 관점에서 볼 때, 'See' 전략은 시각화하고 직접 보게 하여 이해시키는 전략이며, 'Feel' 전략은 스스로가 느끼게 하여 감동시키는 전략이며, 'Change' 전략은 변화시켜 설득에 성공한다는 전략이다.

See (시각화하여 이해시킨다.)	→	Feel (느끼게 하여 감동시킨다.)	→	Change (변화시켜 설득에 성공한다.)

② 상대방 이해 전략

협상 상대방을 설득하기 위해서는 설득에 장애가 되는 요인들을 척결해야 한다. 협상전략에 있어서 상대방 이해란 협상과정상의 갈등 해결을 위해서 상대방에 대한 이해가 선행되어 있으면 갈등 해결이 용이하다는 것이다.

예컨대 상사가 부하를 설득하기 위해서는 부하에 대한 이해가 선행되어야 한다. 경영자가 근로자들을 설득하기 위해서는 근로자들에 대한 이해가 선행되어야 하며, 부서간의 갈등에 있어서도 상대방 부서를 설득하기 위해서는 상대방 부서에 대한 이해가 선행되어야 한다.

③ 호혜 관계 형성 전략

호혜 관계란 협상 당사자 간에 어떤 혜택들을 주고받은 관계가 형성되어 있으면 그 협상 과정상의 갈등 해결에 용이하다는 것이다.

예컨대 부처 간에 도움을 받으면 도움을 주어야 한다는 것이다. 이는 빚은 갚아야 한다거나 약속은 지켜야 한다는 것과 같은 사회적 의무에 관한 교육과 학습의 영향이다.

상사와 부하 간의 호의는, 부하가 원했든 원치 않았든 관계없이 모든 호의가 이에 해당된다. 따라서 부하를 일단 빚진 상태로 만들면 된다. 즉 상사가 먼저 무언가를 도와주면 된다. 시민과의 관계에서도 마찬가지다. 정부는 시민에게 먼저 어떤 호혜를 베풀면 된다. 그렇게 되면 부하와 상사 간 또는 시민과 정부 간에 호혜 관계에 놓이게 된다.

평소에 이렇게 호혜 관계를 잘 형성해 놓으면 차후에 어떤 정책을 추진할 때 다른 사람으로부터 협조를 잘 받아낼 수 있다.

④ 헌신과 일관성 전략

헌신과 일관성이란 협상 당사자 간에 기대하는 바에 일관성 있게 헌신적으로 부응하여 행동하게 되면 협상과정상의 갈등 해결이 용이하다는 것이다. 헌신과 일관성이란 상대방의 기대에 헌신적이고 일관성 있게 부응하여 행동하는 것이다. 이는 일종의 습관 같은 것으로 반복하다가 보면 존재하지 않는 것도 존재하는 것처럼 착각해서 생기게 된다.

상사가 부하들에게 대하는 행동도 마찬가지로 적용된다. 사소한 습관에서부터 큰 것으로 지속적으로 진행해야 한다. 도중에 나쁜 습관을 이것저것 허락하게 되면 헌신과 일관성의 법칙이 깨어지기 때문에 부하들은 자신들도 모르는 사이에 나쁜 버릇을 가지게 된다.

⑤ 사회적 입증 전략

사회적 입증이란 어떤 과학적인 논리보다도 동료를 비롯한 사람들의 말과 행동으로 상대방을 설득하는 것이 협상과정에서 생기는 갈등을 해결하기가 더 쉽다는 것이다.

사회적 입증이란 사람은 과학적 이론보다 자신의 동료나 이웃의 말이나 행동에 의해서 쉽게 설득된다는 것과 관련된 기술이다. 광고에서 말하는 소위 '입소문'을 통한 설득이 광고를 내보내서 설득하는 것보다 더 효과가 있다는 것이다.

⑥ 연결 전략

연결이란 협상과정에서 갈등이 발생했을 때 그 갈등 문제와 갈등관리자를 연결하는 것이 아니라 그 갈등을 야기한 사람과 관리자를 연결하면 갈등 해결이 용이해진다는 것이다.

연결이란 제품(예컨대 정부정책)과 자신을 연결하는 것이 아니라 그 제품을 판매(예컨대 집행)하는 사람과 자신을 연결한다는 것이다. 따라서 어떤 정책을 집행할 때 그 정책에 이해 관계를 가진 집단들에게 우호적인 사람으로 하여금 집행하게 하면 그 정책으로 인해 발생하는 갈등을 용이하게 해결할 수 있다는 것이다. 따라서 연결기술을 효과적으로 사용하기 위해서는 우호적이거나 좋은 이미지, 협력적인 행정이나 정책들을 사용하여 다른 사람을 설득하는 것이 필요하다.

⑦ 권위 전략

권위란 직위나 전문성, 외모 등을 이용하면 협상과정에서 생기는 갈등의 해결에 도움이 될 수 있다는 것이다. 설득기술에 있어서 권위란 직위, 전문성, 외모 등에 의한 기술이다. 사람들은 자신보다 더 높은 직위, 더 많은 지식을 가지고 있다고 느끼는 사람으로부터 설득 당하기가 쉽다. 계장의 말보다 국장의 말이 더 권위가 있고 설득력이 높다. 비전문가보다 전문가의 말에 더 동조하게 된다. 전문성이 있는 사람이 그렇지 않은 사람보다 더 권위가 설득력이 있다.

⑧ 희소성 해결 전략

희소성이란 인적·물적 자원 등의 희소성을 해결하는 것이 협상과정에서 생기는 갈등의 해결에 용이하다는 것이다. 그러나 이 희소성의 문제는 그 희소한 것을 강력히 소유하고자 하는 사람 또는 집단들의 소유욕이 있을 때에 한해서 통용된다. 즉 아무리 자원이 희소하더라도 그것을 소유하고자 하는 사람이 없으면 그 희소성으로 인해서 갈등이 야기되지 않는다는 것이다. 사람들은 시간적으로 희소하고 사회경제적으로 희소한 것 등에 대해서 더 강력히 소유하고자 하는 큰 욕구를 가지고 있을 때 목숨을 걸 정도로 설득을 잘 당한다는 것이다.

⑨ 반항심 극복 전략

반항심이란 협상과정상의 갈등관리를 위해서 자신의 행동을 통제하려는 상대방에게 반항한다는 것에 관련된 것이다. 로미오와 줄리엣 효과는 희소성과 반항심리를 잘 묘사하고 있다. 부모들의 '하지마라'라는 반대가 연인들로 하여금 반항심리를 불러 일으켜 더 깊은 사랑을 하게 만든다. 부모들의 반대가 심화되면 될수록 로미오와 줄리엣에게 희소성이 더욱 강화되고 반항심을 더욱 자극하여 더 깊은 사랑에 빠지게 만들고 결국엔 파멸로 이어진다는 것이다.

  부하나 시민들을 설득하는 데도 마찬가지이다. 억압하면 할수록 더욱 반항하게 될 가능성은 높아진다. 부하나 시민들을 비난하거나 부정하는 말이나 행동으로 설득시키려 하면 부하나 시민들로 하여금 반항 심리를 유발시켜 설득에 실패할 확률이 높다.

학습정리

[활용 방법]
학습자들이 '학습모듈 F-2-라. 협상능력'에서 학습한 내용을 스스로 정리할 시간을 준다. 일정 시간이 지난 후 이해가 되지 않는 부분은 질문을 하도록 유도하고, 핵심적인 내용을 다시 한번 정리하여 준다.

1. 협상이란 갈등상태에 있는 이해당사자들이 대화와 논쟁을 통해서 서로를 설득하여 문제를 해결하려는 정보전달과정이자 의사결정과정이다.

2. 협상과정은 관점에 따라 다양한 형태로 언급되어질 수 있다. 협상과정은 ① 협상시작 ② 상호이해 ③ 실질이해 ④ 해결방안 ⑤ 합의문서 등의 5단계로 구분할 수 있다.

3. 협상에 활용되는 전략은 다양하다. 대체로 협상전략은 ① 협력전략 ② 유화전략 ③ 회피전략 ④ 강압전략 등으로 구분할 수 있다. 협력전략은 "Win-Win"전략, 유화전략은 "Lose-Win"전략, 회피전략은 "Lose-Lose"전략, 강압전략은 "Win-Lose"전략으로 요약할 수 있다.

4. 협상에 있어 상대방을 설득하는 일은 필수적이다. 상대방을 설득시키기 위해 활용할 수 있는 전략으로는 ① See-Feel-Change 전략 ② 상대방 이해 전략 ③ 호혜관계 형성 전략 ④ 헌신과 일관성 전략 ⑤ 사회적 입증 전략 ⑥ 연결 전략 ⑦ 권위 전략 ⑧ 희소성 해결 전략 ⑨ 반항심 극복 전략 등이 있다.

학습모듈 F-2-마
고객서비스능력 지도

요즘 고객들은 기업에 대한 만족의 조건으로 서비스를 매우 중요하게 생각한다. 그러므로 고객서비스는 기업의 생존을 위해 필수적이라고 할 수 있다. 고객서비스란 다양한 고객의 요구를 파악하고, 대응법을 마련하여 고객에게 양질의 서비스를 제공하는 것을 의미하며, 이에 초점을 맞추어 지도하여야 한다.

지도계획

● 학습모듈 F-2-마 지도계획

학습주제	고객서비스능력
학습목표	직업생활에서 고객서비스에 대한 이해를 바탕으로 실제 현장에서 다양한 고객에 대처할 수 있으며, 고객만족을 이끌어 낼 수 있는 능력을 기를 수 있다.
지도시간	2~3시간
교수자료	학습자용 가이드북, 교수자용 가이드북, 프레젠테이션 자료, 신문기사, 인터넷

● 학습활동별 지도계획

학습활동	소요시간	주요내용	유의점
B₁ 고객서비스의 의미	30~40분	고객서비스의 정의 고객중심 기업의 특성 고객서비스를 통한 기업의 성장	사례 및 활동을 통해 고객서비스의 의미 파악
R₂ 고객의 불만 표현 유형 및 대응방안	30~50분	고객의 불만 표현 유형 불만에 대한 대응방안	사례 및 활동을 통한 고객의 불만표현유형 파악과 대응방안 모색
B₂ 고객 불만 처리 프로세스 및 고객만족조사 방법	30~40분	고객 불만 처리 프로세스 8단계	사례 및 활동을 통해 고객 불만 처리 과정 이해

학습활동 지도

고객서비스의 의미

서비스는 인간관계의 기본이자, 기업경영의 핵심요소이다. 요즘 고객들은 기업에 대한 만족의 조건으로 서비스를 매우 중요하게 생각한다. 다음의 사례를 통해 고객서비스의 의미가 무엇인지 생각해 보자.

 사례

[지도 방법]

학습자들이 사례를 읽고 고객서비스의 의미가 무엇인지 생각해 보도록 한다. 이 때 고객서비스는 기업의 생존을 위해 필수적이며, 고객과의 관계를 지속적으로 유지하는 것의 중요성을 강조한다. 또한 사례를 읽고 스스로 고객서비스의 의미를 생각할 수 있는 분위기를 조성하도록 한다.

L 백화점 '서비스 보상제도' 실시

서울 소공동 L 백화점 본점은 오는 30일까지 고객서비스 차별화 차원에서 쇼핑 중 발생하는 모든 서비스 불만족을 보상해 주는 '서비스 보상제도'를 실시하고 있다.

서비스보상제도는 고객이 불만을 표시한 서비스에 대해 자체 심의, 판정을 거쳐 받아들여질 경우, 해당 고객에게 L 백화점 상품권 1만원을 보상해 주는 시스템이다.

고객 불만사항을 접수 후 오랜 시간 걸려 해결해 주는 '고객만족센터'와 달리 이 제도는 불친절, 약속 불이행, 상품하자, 애프터서비스(AS)하자, 광고가격 오류 등 사소한 불만사항까지 현장에서 즉시 보상해 주는 게 특징이라고 백화점 측은 설명했다.

L 백화점 본점장 이사는 "일시적인 제도가 아니라 상시로 운영, 고객 불편을 최소화하는데 최선을 다할 것"이라고 말했다.

[사례 해설]

이 사례는 고객서비스의 의미에 대한 사례이다. 사례에서 서울의 L 백화점은 고객의 불편을 최소화하기 위해 '서비스 보상제도'를 실시하여 불친절, 약속 불이행, 상품하자, 애프터서비스 하자, 광고가격 오류 등의 사소한 불만까지 즉시 보상해 주도록 하고 있다. 이로부터 고객서비스란 다양한 고객의 요구를 파악하고, 대응법을 마련하여 고객에게 양질의 서비스를 제공하는 것을 생각해 낼 수 있도록 유도한다.

활동

[지도 방법]
이 활동은 학습자들이 고객서비스의 의미를 파악하고, 고객에게 비춰지는 자신의 모습에 대해서 생각해 보도록 하는 활동이다. 특히 고객과의 신뢰를 구축하여 고객을 유지하고, 이를 위해 고객에 대한 태도가 매우 중요함을 강조한다. 학습자들이 빈칸을 직접 작성하여 발표하도록 한 후, 활동이 의미하는 바를 알려준다.

고객에게 친절을 베푸는 것이 고객서비스의 전부는 아니다. 아니다. 그것은 고객서비스의 한 방법일 뿐이다. 고객 만족을 통해 지속적인 기업 매출 및 평가 향상을 위해서는 고객과의 신뢰를 구축하는 기본원칙이 있어야 한다. 그렇다면 고객서비스란 무엇인가?

고객서비스가 무엇인지 각자의 생각을 적어 보자.

고객서비스에서 고객에 대한 직원의 태도는 매우 중요한 부분을 차지하고 있다. 대부분의 고객들은 회사의 품질에 대한 만족감과 동시에 직원의 친절함 및 인상 등 태도에 대한 평가를 많이 한다. 그리고 이것은 그 회사의 고객서비스에 대한 평가에 많은 비중을 차지한다.

F-2-마. 고객서비스의 의미

고객에게 보여지는 나의 모습을 생각하여 적어 보자.

고객에게 보여지는 나의 모습	개선 점
▶	▶
▶	▶
▶	▶
▶	▶
▶	▶

[활동 해설]

고객서비스란 다양한 고객의 요구를 파악하고, 대응법을 마련하여 고객에게 양질의 서비스를 제공하는 것을 의미한다. 고객서비스에서 고객에 대한 직원의 태도는 매우 중요한 요소를 차지하며, 대부분의 고객들은 품질에 대한 만족감과 동시에 직원의 친절함 및 인상 등에 대한 평가를 많이 한다. 학습자들이 고객에게 비춰지는 자신의 모습을 객관적으로 작성하도록 하는 것이 중요하며, 개선사항을 올바르게 파악하고 있는지를 확인한다.

내용

[지도 방법]
학습자들이 고객서비스의 의미가 무엇인지, 고객서비스의 목적은 무엇인지, 고객중심 기업의 일반적 특성은 무엇인지에 대해서 학습할 수 있도록 주요 내용을 제시하고, 사례와 활동 간의 연관성을 찾도록 한다.

오늘날 많은 기업들이 고객서비스를 주요 경쟁우위 수단으로 간주하고 '고객만족헌장'이나 '고객서비스헌장'을 정하고, 실천하기 위해 노력하고 있다.

여기서 고객서비스란 다양한 고객의 요구를 파악하고, 대응법을 마련하여 고객에게 양질의 서비스를 제공하는 것을 말한다.

"세계적인 기업이 되기 위해서는 고객서비스가 탁월해야 한다."라는 말이 소비재뿐 아니라 품질력이 최우선시 되는 반도체 부문에서도 중요하게 여겨지고 있다. 이를 통해 우리는 이제 '고객서비스가 호텔이나 백화점에서만 하는 활동'이 아님을 실감할 수 있다. 이는 대부분의 경영자들이 현대사회에서 고객서비스에 문제가 있을 때에는 그들의 가장 중요한 자산인 고객이 떠나 버린다는 사실을 잘 알고 있기 때문이다. 그리고 'amazon.com'을 최고의 인터넷 e-커머스 기업으로 이끈 제프 베이조스 회장은 '고객의 경험'을 중시하는 것이 성공의 비결이라고 말한 바 있다. 적당한 서비스 제공은 어느 정도의 고객 만족을 이끌 수 있어도, 그 고객을 충성스런 소비자 또는 열렬한 전도자로 만들 수 없다.

고객서비스를 제공하는 목적은 조달, 생산, 판매, 혹은 고객지원 등의 기업활동 중 어디에 중점을 두느냐에 따라 다르다. 여기서 고객중심 기업의 일반적 특성을 알아보면 다음과 같다.

- 내부 고객과 외부 고객 모두를 중요시한다.
- 고객만족에 중점을 둔다.
- 고객이 정보, 제품, 서비스 등에 쉽게 접근할 수 있도록 한다.
- 보다 나은 서비스를 제공할 수 있도록 하는 기업정책을 수립한다.
- 기업의 전반적 관리시스템이 고객서비스 업무를 지원한다.
- 기업이 실행한 서비스에 대해 계속적인 재평가를 실시함으로써 고객에게 양질의 서비스를 제공하도록 서비스 자체를 끊임없이 변화시키고 업그레이드한다.

고객서비스를 통해서 기업이 성장을 이루는 과정은, 우선 고품위의 고객서비스를 제공하여 고객이 감동을 받으면 이로 인해 회사에 대한 충성도가 증가하게 된다. 결국 기업에 대한 선호도가 고객들 사이에 높아져 성장과 이익을 달성할 수 있는 것이다.

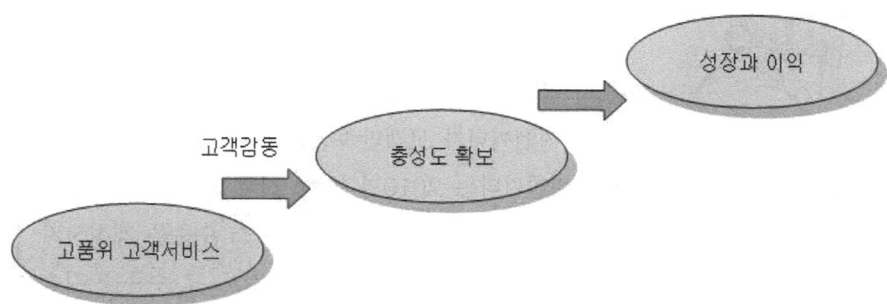

교수자료 : 씨엔씨티에너지의 고객서비스 혁신 사례

씨엔씨티는, 1980년대 중반 전국을 권역 지역으로 분할하여 허가받은 각 권역지역에서 일반 소비자에게 독점적으로 도시가스를 공급하는 34개 도시가스사 중 고객만족경영의 모범이 되는 기업이다. 처음부터 씨엔씨티가 고객만족경영 우수 기업이지는 않았다. 씨엔씨티는 2010년 초반 전국 도시가스 사업체들 중 하위권에 머물던 고객 서비스 수준을 개선시켜 2016년에는 고객서비스 수준 우수 기업으로 선정되었으며, 현재까지도 그 수준을 지속적으로 유지 및 향상 시켜오고 있다. 그렇다면, 씨엔씨티는 어떻게 고객만족 하위권에서 고객만족 경영의 모범이 되었을까?

씨엔씨티에너지의 고객 서비스 욕구를 성공적으로 충족시킨 3가지 사례 유형을 살펴보겠다.

첫째, 씨엔씨티에너지는 도시가스 관련 정보 제공 서비스를 혁신하여 고객 정보 욕구를 충족시켰다. 씨엔씨티에너지는 스마트폰이 대중화되면서 고객 정보 취득 경로에 대한 욕구가 변화하고 있음을 파악하여, 기존 방법 외 홈페이지, 모바일앱, 핸드폰문자, 모바일메신저로 고객이 필요한 정보를 제공하였다. 특히 모바일앱 개발에 착수하여 2015년 기존 PC용 홈페이지를 모바일 홈페이지와 연동되는 반응형웹(responsive web)으로 통합하였으며, 사용자 인터페이스 (user interface, UI)를 간단하게 직관적인 것으로 구성하였다. 외국어 서비스제공 및 장애인이 이용 가능하도록 웹접근성 인증을 받았으며 보안까지 강화하여 씨엔씨티에너지의 고객들은 언제어디서든 편리하게 자신에게 필요한 도시가스 서비스를 이용할 수 있게 되었다.

둘째, VOC(Voice Of Customer) 서비스 개선을 통한 고객서비스 혁신이다. 스마트폰이 대중화되었음에도 불구하고 중장년층 가구의 소비자들은 필요한 서비스나 정보 등을 콜센터에 문의한다. 콜센터 고객 서비스 혁신을 위해 콜센터와 고객서비스센터로 이원화되어 고객이 혼동하고 불편을 겪었던 기존 시스템을 통합하여 상호 연동되게 하였다. 또한 기존 전화 회선을 53회선에서 80회선으로 증설하고, 21단계로 되어 있던 상담 처리 단계를 3단계로 축소시킨 상담 시스템을 도입하여 소요 시간을 단축하였다.

(자료 계속)

셋째, 고객 불만 사항을 빅데이터로 분석하여 반복되는 문제를 개선하였다. 씨엔씨티는 고객 불만 사항에 대한 빅데이터 분석을 통해 도시가스요금 결제수단, 납부방법, 연결 및 철거비용, 연결호스비 등이 불만이 높은 순으로 나타난 것을 확인하였으며, 기존 결제 가능한 신용카드사를 신한으로 제한시켰던 것을 주요 신용카드사로 확대시키고, 연결 및 철거 서비스 비용 납부 방식도 현금 결제에서 신용 카드 결제, 모바일 납부도 가능하게 하였다. 또한 도시가스 연결 및 마감 비용을 무료화하였으며 추가 호스가 소요되는 경우 청구 비용을 인하였다.

이런 고객서비스 혁신을 통해 씨엔씨티는 산업통상자원부가 2016년에 실시한 서비스 수준 평가에서 최상위 등급인 우수 평가를 받는 성과를 달성하였다.

신승업, 정강옥 (2020). 씨엔씨티에너지의 고객서비스 혁신 사례 연구. 지역사업연구, 43(1), 267-298

고객의 불만 표현 유형 및 대응방안

고객서비스의 향상을 위해서는 고객의 기업에 대한 불만을 해소하는 것이 매우 중요하다. 그러나 고객들이 불만을 표현하는 유형은 매우 다양하다. 고객의 다양한 불만 표현에 어떻게 대응해야 할지 살펴보자.

 사례

[지도 방법]
학습자들이 사례를 읽고 고객의 불만 표현 유형에는 어떠한 것들이 있는지 생각해 보도록 한다. 특히 고객서비스의 향상을 위해서는 고객의 불만을 해소하는 것이 매우 중요함을 강조한다. 또한 사례를 읽고 스스로 문제의 의미를 생각할 수 있는 분위기를 조성하도록 한다.

고객들의 다양한 불만유형

〈사례 1〉

더운 여름날 한 고객이 에어컨을 구입하려고 가전제품 매장을 찾았다. 하지만 그 매장을 찾은 고객이 많아서 상담이 조금 지체되자 상담을 빨리 해주지 않는다고 거칠게 불만을 터뜨렸다.

〈사례 2〉

레스토랑을 찾은 한 손님이 레스토랑의 서비스가 마음에 들지 않는다고 불만을 토로했다. 매니저가 다가가 시정해 주었지만, 그 손님은 이것저것 또 트집을 잡으면서 계속 불평을 쏟아냈다.

〈사례 3〉

백화점 의류매장에 한 손님이 옷을 사기 위해 들렀다. 그는 매장에 진열된 옷들이 너무 싸구려 같다고 불평하면서 고급스런 옷을 보여 달라고 하였다.

(사례 계속)

<사례 4>
한 학생이 노트북을 사기 위해 전자매장을 찾았다. 이 학생에게 상담원이 친절하게 설명을 해주었지만, 학생은 그의 말을 믿지 않고 계속 의심을 품었다.

[사례 해설]
제시된 사례는 고객의 불만표현 유형에 대한 사례이다. 〈사례 1〉은 빨리빨리형, 〈사례 2〉는 트집형, 〈사례 3〉은 거만형, 〈사례 4〉는 의심형 고객에 대한 예이다.

활동

[지도 방법]
학습자들이 위의 사례를 읽고 고객의 유형을 분류해 보고, 평소에 고객을 대하는 행동을 직접 답하게 한다. 자신이 평소에 가지고 있던 생각이 무엇인지를 답하도록 한다. 학습자들이 주어진 문제에 대한 답을 한 후, 왜 그렇게 생각하는지를 발표하게 하여, 서로의 의견을 공유하도록 한다.

고객의 불만을 다루는 것은 고객서비스 차원에서 피할 수 없는 일이다. 하지만 고객은 자신이 느끼는 불만을 표현하는 방식이 매우 다양하다. 그 유형은 거만형, 의심형, 트집형, 빨리빨리 형으로 나누어 볼 수 있다.

 위의 사례에 해당하는 사람이 어떤 유형에 해당하는지 연결하시오.

<사례 1> ●   ● | 거만형 |

<사례 2> ●   ● | 의심형 |

<사례 3> ●   ● | 트집형 |

<사례 4> ●   ● | 빨리빨리 형 |

 각 유형의 고객을 어떻게 다루어야 할지 자신의 생각을 적어 보자.

1. 거만형:

2. 의심형:

3. 트집형:

4. 빨리빨리 형:

[활동 해설]

〈사례 1〉은 빨리빨리형, 〈사례 2〉는 트집형, 〈사례 3〉은 거만형, 〈사례 4〉는 의심형 고객에 대한 예이다. 거만형 고객은 정중하게 대하는 것이 좋고, 자신의 과시욕이 채워지도록 뽐내든 말든 내버려 두는 것이 좋으며, 의외로 단순한 면이 있으므로 일단 그의 호감을 얻게 되면 여러 면으로 득이 될 경우가 많다. 의심형 고객은 분명한 증거나 근거를 제시하여 스스로 확신을 갖도록 유도하고, 때로는 책임자로 하여금 응대하는 것도 좋다. 트집형 고객은 이야기를 경청하고, 맞장구치고, 추켜세우고, 설득해 가는 방법이 효과적이다. 빨리빨리 형 고객은 만사를 시원스럽게 처리하는 모습을 보이면 응대하기 쉽다.

내용

[지도 방법]
학습자들이 고객의 불만 유형은 무엇인지, 불만족 고객을 다루는 방법은 어떠한 것들이 있는지에 대해서 학습할 수 있도록 주요 내용을 제시한다.

고객을 다루기 위해서는 다양한 고객의 유형을 알아야 한다. 누군가는 회사의 제품이나 서비스에 만족을 하고, 누군가는 불만감을 가질 수 있다. 고객서비스 능력을 향상시키기 위해서는 회사의 제품 및 서비스에 불만족 고객을 다룰 줄 아는 것이 매우 중요하다.

불만족 고객은 불만을 표현하는 방식이 매우 다양하다.

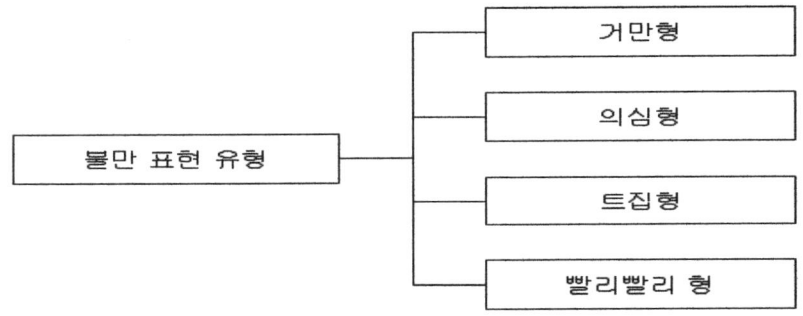

거만형은 자신이 타인보다 우월하다 생각하며 과시적으로 자신이 가진 지식이나 능력, 소유를 드러내고 싶어 하는 유형으로 보통 제품을 폄하하는 사람들이 많이 있다. 의심형은 타인과 세상을 잘 신뢰하지 못하는 유형으로, 직원의 설명이나 제품의 품질에 대해 의심이 많으며, 확신 있는 말이 아니면 잘 믿지 않는다. 트집형은 사소한 것으로 트집을 잡는 까다로운 고객 유형을 의미한다. 빨리빨리 형은 매사에 성격이 급하며, 일처리가 늦어지는 것에 대해 특히나 불만을 갖는 유형이다.

이런 고객들을 상대하는 데 있어 주의해야 할 사항을 요약하면 다음과 같다.

① **거만형**
- 정중하게 대하는 것이 좋다.
- 과시욕이 충족될 수 있도록 그들의 언행을 제지하지 않고 인정해 준다.
- 의외로 단순한 면이 있으므로 일단 그의 호감을 얻게 되면 여러 면으로 득이 될 경우가 많다.

② **의심형**
- 분명한 증거나 근거를 제시하여 스스로 확신을 갖도록 유도한다.
- 때로는 책임자로 하여금 응대하는 것도 좋다.

③ **트집형**
- 이야기를 경청하고, 맞장구치고, 추켜세우고, 설득해 가는 방법이 효과적이다.
- 예: '손님의 말씀이 맞습니다. 역시 손님께서 정확하십니다.' 하고 고객의 지적이 옳음을 표시한 후 '저도 그렇게 생각하고 있습니다만...'하고 설득한다.
- 잠자코 고객의 의견을 경청하고 사과를 하는 응대가 바람직하다.

④ **빨리빨리 형**
- "글쎄요?", "아마...", "저..." 하는 식으로 애매한 화법을 사용하면 고객은 신경이 더욱 날카롭게 곤두서게 된다.
- 여러 가지 일을 신속하게 처리하는 모습을 보이면 응대하기 쉽다.

고객의 불평은 서비스를 개선하기 위해 매우 중요한 정보가 된다. 불평에 대한 잘못된 인식을 하지 않고, 좋은 방안으로 활용하기 위해 꼭 알아야 할 사항을 정리하면 다음과 같다.

- 불만족 고객 대부분은 불평하지 않는다. 불평하는 고객은 사업자를 도와주려는 생각에서 불평을 하는 경우가 많다. 따라서 고객의 불평을 감사하게 생각해야 한다.
- 고객의 불평은 종종 거친 말로 표현된다. 그러나 그것은 꼭 불만의 내용이 공격적이기 때문에 그런 것은 아니다.
- 대부분의 불평고객은 단지 기업이 자신의 불평을 경청하고, 잘못된 내용을 설명하고 제대로 고치겠다고 약속하면서 사과하기를 원한다.
- 미리 들을 준비를 하고 침착하게 긍정적으로 고객을 대하며, 대부분의 불평은 빠르게 큰 심적 소진 없이 해결된다.

 **고객 불만 처리 프로세스 및 고객만족조사 방법**

고객들은 어느 정도 합리적인 근거를 가지고 불만을 표시한다. 불만사항을 이야기할 때 무시하거나 외면하지 않는다면 고객 불만은 좋은 결과로 이어질 수 있을 것이다. 고객의 불만을 효과적으로 처리하기 위해서는 어떠한 과정을 거쳐야 할까?

 사례

[지도 방법]
학습자들이 사례를 읽고 고객의 불만을 어떻게 해결하면 좋을지에 대해서 각자 생각해 보도록 한다. 특히 고객이 불만사항을 이야기할 때 무시하거나 외면하지 않는 것이 매우 중요함을 강조한다.

옷 가게 종업원의 태도

　졸업을 앞두고 있는 B씨는 취업 면접을 위해 옷 매장에서 마음에 드는 정장을 한 벌 구입하였다. 그런데 집에 돌아와서 다시 입어 보니 매장에서 본 것과 달리 옷이 자신에게 잘 어울리지 않았다. 어떻게 할까 고민을 하다가 며칠 후 다시 매장을 방문하여 옷을 교환하러 왔다고 하였다. 종업원은 짜증을 내면서 그냥 다른 것으로 바꾸어 가라며 못마땅한 표정을 지었다.
　처음 찾아온 손님에게는 친절하게 이야기도 하고, 옷도 추천해 주던 종업원이 옷을 교환하러 오니까 전혀 다른 모습과 태도를 보였다. B씨는 매장에서 자신이 원하던 대로 옷을 골라 바꾸어 왔지만, 그 종업원과 매장에 대한 씁쓸한 마음을 지울 수가 없었다. 그래서 B씨는 그 매장을 다시는 찾지 않겠다고 다짐했다.

[사례 해설]
제시된 사례는 고객으로 하여금 불쾌한 마음을 갖게 하여 고객의 불만을 제대로 해결하지 못한 사례이다. 고객의 불만을 해결하기 위해서는 고객이 어떠한 점에서 불만이 있는지를 정확히 파악하여 그에 맞게 대처하는 것이 무엇보다 중요하다.

활동

[지도 방법]

고객이 불만을 가지고 있는 상황을 제시하고 어떻게 대처하면 좋을지 각자의 생각을 적어 보도록 한다. 활동에 제시된 예를 먼저 읽게 하고, 그에 따라 활동을 진행한다. 고객의 불만을 해결하기 위한 각자의 생각과, 그렇게 생각하는 이유를 학습자들끼리 공유할 수 있도록 발표를 활용하는 것이 바람직하다.

고객의 불만을 해결하는 과정을 제대로 이해하는 것은 고객서비스를 향상시키는 데 있어 매우 중요한 역할을 한다.

단지 고객이 원하는 것을 해주면 되는 것 아니냐 하는 생각은 고객으로 하여금 불쾌한 마음을 가질 수 있게 해준다. 고객이 어떤 점에서 불만이 있는지 정확히 파악하게 이에 맞게 대응하는 것이 적절하다.

 다음 상황에서 당신이라면 어떻게 대처할지, 그 과정을 나름대로 작성해 보시오.

> 상황: A씨는 며칠 전 인터넷을 통해 구매한 C사의 공기청정기를 택배로 받았다. 품질과 가격, 후기를 꼼꼼히 따져가며 본인에게 필요한 최적 사양의 물건을 합리적인 가격에 구매했다는 사실에 기쁨을 느낀 것도 잠시, 공기청정기에서 제품 사양과 달리 소음이 크게 나 매우 불쾌하였다. 그는 바로 후기를 작성하여 소음 문제에 대해서 다른 사용자들에게 알렸으며, 고객센터에 전화하여 C사의 제품을 믿을 수 없다며 환불을 요구하였다.

[활동 해설]

까다롭거나 화가 난 고객을 응대할 때에는 우선 고객의 요구를 경청하고, 사과를 하며, 해결을 약속하고, 신속하게 해결해 주는 것이 중요하다. 사례에 제시된 상황에서는 회사 제품에 대한 신뢰를 잃은 A씨의 실망감에 공감을 해주며, 고객이 원하는 바를 파악하고, 사과하며, 신속한 해결을 약속하는 것이 필요하다.

내용

[지도 방법]
학습자들이 고객 불만 처리 프로세스의 8단계에 대해서 학습할 수 있도록 주요 내용을 제시한다. 특히 이러한 고객의 불만을 다루는 프로세스를 몸에 체득하고 있으면 고객의 불만을 쉽게 해결할 수 있음을 강조한다.

불만고객이란 서비스 제공자(기업)를 상대로 불만을 표현하고 해결을 요구하는 고객을 말한다. 고객 불만은 서비스 제공자의 불친절한 태도, 고객에 대한 무관심(Apathy), 고객의 요구 외면 또는 무시(Brush-Off), 건방떨기 및 생색내기(Condescension), 무표정과 기계적 서비스(Robotism), 규정 핑계(Rule Book), 이 문제는 자기네 담당 소관이 아니라는 식의 고객 뺑뺑이 돌리기(Run around) 등 여러 가지 원인에 의해 발생한다.

많은 서비스 제공자들은 고객 불만이 접수되었을 때, 대다수의 고객들이 불만 접수를 하지 않기 때문에 해당 고객의 까다롭거나 유별난 성격이 문제라며 불만 접수를 귀찮게 여기는 경향이 있다. 그러나 이렇게 유별난 고객이야말로 기업에게 소중한 고객이며, 기업이 안고 있는 문제를 해결해 주는 스승이 된다. 왜냐하면, 불만을 밖으로 표출하는 고객은 100명 중에서 4명밖에 되지 않고, 나머지 불만을 품은 96명은 소리 없이 떠나가기 때문이다. 그리고 불만고객은 자신이 겪은 불만사항에 대하여 8~10명의 다른 사람들에게 전파하며, 불만족 고객의 80%가 거래를 중단한다고 한다. 반면에 불만이 있어도 그것이 만족스럽게 해결되면 54~70%가 다시 거래를 하며, 불만이 신속하게 해결되기만 하면 반복구매율이 95%까지 증가하고 이들은 단골고객이 되기도 한다.

서비스 분야에서 오랜 경력을 가지고 베테랑이라고 자처하는 사람들도 까다로운 고객이나 화가 난 고객을 응대할 경우에는 어려움을 호소하고 한다. 그러나 이런 특별한 상황은 우리에게 오히려 차별화되고 특별한 서비스를 제공하는 성공 기회가 될 수도 있다. 그러므로 평소 고객의 불만을 다루는 프로세스를 몸에 체득하고 있으면 이를 쉽게 해결할 수 있을 것이다.

고객 불만 처리 프로세스는 8단계로 나누는데, 이는 아래 그림과 같다.

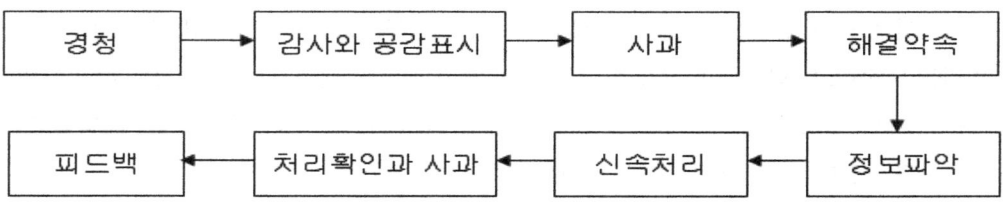

다음은 각 단계에 대한 자세한 설명이다.

① 경청
- 고객의 항의에 경청하고 끝까지 듣는다.
- 선입관을 버리고 문제를 파악한다.

② 감사와 공감표시
- 일부러 시간을 내서 해결의 기회를 준 것에 감사를 표시한다.
- 고객의 항의에 공감을 표시한다.

③ 사과
- 고객의 이야기를 듣고 문제점에 대해 인정하며 잘못된 부분에 대해 사과한다.

④ 해결약속
- 고객이 불만을 느낀 상황에 대해 관심과 공감을 보이며, 문제의 빠른 해결을 약속한다.

⑤ 정보파악
- 문제해결을 위해 꼭 필요한 질문만 하여 정보를 얻는다.
- 최선의 해결방법을 찾기 어려우면 고객에게 어떻게 해주면 만족스러운지를 묻는다.

⑥ 신속처리
- 잘못된 부분을 신속하게 시정한다.

⑦ 처리확인과 사과
- 불만처리 후 고객에게 처리 결과에 만족하는지를 물어본다.

⑧ 피드백
- 고객 불만 사례를 회사 및 전 직원에게 알려 다시는 동일한 문제가 발생하지 않도록 한다.

고객 만족을 높이기 위해서는 고객의 불만을 잘 처리하는 것뿐만 아니라 고객의 욕구를 파악하는 것 또한 매우 중요하다. 이때, 활용해 볼 수 있는 것이 고객만족 조사이다. 고객만족 조사의 목적은 고객의 주요 요구를 파악하여 가장 중요한 고객요구를 도출하고, 자사가 가지고 있는 자원을 토대로 경영 프로세스의 개선에 활용함으로써 경쟁력을 증대시키는 것이라고 할 수 있다. 결국 기업은 수익이 증대되고 품질향상으로 인한 유형 및 무형의 가치를 창출하게 된다.

고객만족을 측정할 때 많은 사람들이 오류를 범할 수 있는데 그 유형을 정리하면 다음과 같다.

---

1. 고객이 원하는 것을 알고 있다고 생각함
2. 적절한 측정 프로세스 없이 조사를 시작함
3. 비전문가로부터 도움을 얻음
4. 포괄적인 가치만을 질문함
5. 중요도 척도를 오용함
6. 모든 고객들이 동일한 수준의 서비스를 원하고 필요하다고 가정함

고객만족 조사를 적절히 수행하기 위해서는 적절한 조사계획을 수립하여야 하며 고객만족 조사계획은 조사 분야 및 대상 결정, 조사목적 설정, 조사방법 및 횟수, 조사결과 활용 계획을 수행하여야 한다.

학습정리

[활용 방법]

학습자들이 '학습모듈 F-2-마. 고객서비스능력'에서 학습한 내용을 스스로 정리할 시간을 준다. 일정 시간이 지난 후 이해가 되지 않는 부분은 질문을 하도록 유도하고, 핵심적인 내용을 다시 한번 정리하여 준다.

1. 고객서비스란 다양한 고객의 요구를 파악하고, 대응법을 마련하여 고객에게 양질의 서비스를 제공하는 것을 말한다.

2. 고객 불만 표현 유형은 크게, 거만형, 의심형, 트집형, 빨리빨리 형으로 나눌 수 있다. 거만형은 과시적으로 자신이 가진 지식이나 능력, 소유를 드러내고 싶어 하는 유형이고, 의심형은 직원의 설명이나 제품의 품질에 대해 의심을 많이 하는 유형이다. 트집형은 사소한 것을 트집을 잡는 까다로운 고객 유형이며, 빨리빨리 형은 매사에 성격이 급하고, 일처리가 늦어지는 것에 대해 특히 불만을 갖는 고객 유형을 말한다.

3. 고객 불만 처리 프로세스는 다음의 8단계로 이루어진다.

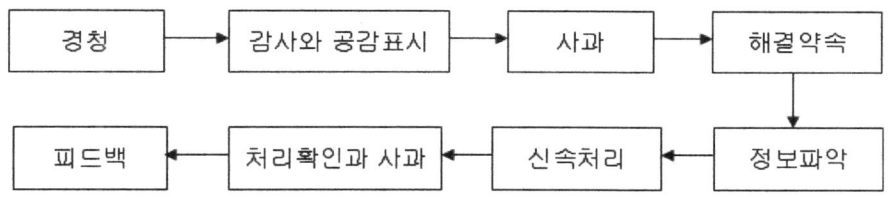

4. 고객만족 조사계획에서 수행되어야 할 것은, 조사 분야 및 대상 결정, 조사목적 설정, 조사방법 및 횟수, 조사결과 활용 계획이 있다.

참고자료

- 권석만, 『젊은이를 위한 인간관계 심리학』, 학지사(2017), 439-443.
- 김경섭(역), 『성공하는 사람들의 7가지 습관』, 김영사(2005).
- 김정기, 『협상의 법칙』, 청년정신(2004).
- 김진모, 정철영, 나승일, 『재직근로자 대상 직업기초능력 신장 프로그램 개발』, 우송정보대학(2002).
- 박재원 외(역), 『변혁적 리더를 위한 리더십 코칭』, 김앤김북스(2010).
- 박정환(역), 『리더십의 정석』, 이파로스(2009).
- 안진환(역), 『팀워크북』, 제우스(2003)
- LG산전, 『문제해결스킬과정』, LG산전 연수교재(2005).
- 오용진(역), 『리더십-매니지먼트 시리즈 3』, ㈜러닝솔루션(1999).
- 원창희, 『갈등관리의 이해』, 한국문화사(2012).
- 이상욱, 장윤현, 이성호, 류한호(역). 『팀워크 만들기와 성과 향상』, 21세기북스(1997).
- 이영희, 『최신 서비스마케팅』, 두남(2010).
- 이영희 외, 『자기주도형 인성과 경력개발.』, 백석문화대학교(2010),
- 이은찬, 『리더십 깨우기』, 도어출판(2002).
- 이홍재(역), 『협상기술』, 청림출판(1999).
- 임희선(역), 『한계를 뛰어넘는 비즈니스 협상』, 혜문서관(2004).
- 임붕영, 『고객을 행복하게 하는 서비스 바이러스』, 무한(2002).
- 임태조(역), 『팀장 리더십』, 위즈덤하우스(2005).
- 장동운, 『갈등관리와 협상기술』, 무역경영사(2009).
- 정명진(역), 『팀워크 심리학』, 부글북스(2010).
- 조은경(역), 『팀워크를 위한 10가지 성공전략』, 가람문학사(2007).
- 채천석(역), 『팀워크를 혁신하는 17가지 불변의 법칙』, 청우(2003).
- 최염순(역), 『리더십마스터하기』, 씨앗을 뿌리는 사람(2011).
- 천대윤, 『갈등관리와 협상전략론』, 선학사(2005).
- 한인영, 이용하(역), 『갈등해결의 기법』, 시그마프레스(2005).
- 현대경제연구원, 『리더십-HBR 페이퍼백 시리즈 3』, 21세기북스(2000).
- 홍석우(역), 『최상의 팀 만들기』, 한울 아카데미(2004).

**직업기초능력 가이드북
대인관계능력 (교수자용)**

초판 인쇄 2021년 04월 08일
초판 발행 2021년 04월 15일

저　자 한국산업인력공단
발행인 김갑용

발행처 진한엠앤비
주소 서울시 서대문구 독립문로 14길 66 205호(냉천동 260)
전화 02) 364 - 8491(대) / 팩스 02) 319 - 3537
홈페이지주소 http://www.jinhanbook.co.kr
등록번호 제25100-2016-000019호 (등록일자 : 1993년 05월 25일)
ⓒ2021 jinhan M&B INC, Printed in Korea

ISBN 979-11-290-2033-8　(93550)　　[정가 23,000원]

☞ 이 책에 담긴 내용의 무단 전재 및 복제 행위를 금합니다.
☞ 잘못 만들어진 책자는 구입처에서 교환해 드립니다.
☞ 본 도서는 [공공데이터 제공 및 이용 활성화에 관한 법률]을 근거로 출판되었습니다.